Kathrin Rüegg • Das Jahr in Kathrins kleiner Welt

*Die Idee zu diesem Buch stammt von Werner O. Feißt.
Ursprünglich war es das Drehbuch zum gleichnamigen Film,
den Werner O. Feißt realisierte.*

*Ich freue mich, ihm nun dieses Buch zu widmen und ihm und den
Fotografen Michael Bauer und Hans Schaller für ihre Mitarbeit zu danken.*

Kathrin Rüegg

Das Jahr
in Kathrins kleiner Welt –
Das neue Tessiner Bildtagebuch

Tessiner Bildband mit Texten von Kathrin Rüegg und
Fotos von Michael Bauer, Hans Schaller
und Werner O. Feißt

Einbandgestaltung: Katja Draenert

Titelfotos: Michael Bauer und Marco Garbani

ISBN 3-275-01401-3

1. Auflage 2001

Copyright © by Müller Rüschlikon Verlags AG,
Gewerbestraße 10, CH-6330 Cham

Nachdruck, auch einzelner Teile, ist verboten. Das Urheberrecht und sämtliche weiteren Rechte sind dem Verlag vorbehalten. Übersetzung, Speicherung, Vervielfältigung und Verbreitung einschließlich Übernahme auf elektronische Medien wie Bildschirmtext, Internet usw. ist ohne vorherige schriftliche Genehmigung des Verlages unzulässig und strafbar. (Ausgenommen sind die Aktivitäten des SWR im Rahmen der Sendung »Was die Großmutter noch wusste«.)

Lektorat: Myrta Baumberger

Innengestaltung und Satz: IPa, 71665 Vaihingen/Enz

Druck und Bindung: Fotolito Longo, Bozen

Printed in: Italy

Einleitung   7

Frühling im Tessin   18

Sommer im Tessin   48

Herbst im Tessin   82

Winter im Tessin   110

…und eine Rose zum Schluss   135

Nachwort   137

Einleitung

Als der liebe Gott die Welt erschaffen hatte, ruhte er am siebten Tage, betrachtete sein Werk und freute sich darüber.

Da kam der kleine Engel, zupfte ihn am Gewand und sagte sehr verlegen: »Da, lieber Gott, da, etwas nördlich von der großen Halbinsel, die wie ein Stiefel ausschaut, da ist noch ein kleiner, leerer, weißer, krummer Strich. Da hast du etwas vergessen zu erschaffen.«

Der liebe Gott, etwas mürrisch, weil der kleine Engel ihn in seiner Sonntagsruhe gestört hatte, schaute nach. Ja, er hatte recht.

Er brummte: »Geh, schau nach, was wir im himmlischen Lagerhaus noch übrig haben, um den Strich zu füllen.«

Nach einer Weile kam der kleine Engel zurück. »Lieber Gott, viel hat es da nicht mehr. Ein großer Sack voller grauer Steine, eine Tüte mit Kastanien, Hasel- und Walnüssen, Bucheckern und ein paar andern Baumsamen, ein riesiges Fass voller Wasser und ein Eimer mit grüner Farbe.«

»Nicht gerade viel«, brummte der liebe Gott, »aber so muss ich mich wohl mit diesen kärglichen Resten ans Werk machen, auch wenn es Sonntag ist.«

Er schichtete die Steine, streute die Kastanien, die Nüsse und die anderen Baumsamen den Steinen entlang, füllte die grüne Farbe ins Wasserfass und goss dessen Inhalt in die entstandene Steinrinne.

Auch vom lieben Gott persönlich erschaffen: Das Farnkraut, das in der Mitte des Brückenpfeilers wächst.

Die Samen keimten, wurden zu Bäumen, das grüne Wasser sprudelte über die grauen Steine. Über allem strahlte die Sonne, segelten weiße Wolken am blauen Himmel.

Der liebe Gott saß mit dem kleinen Engel am Ufer des grünen Wassers und freute sich über dieses trotz der kärglichen Zutaten besonders gelungene Werk. Seine Sonntagsarbeit halt.

Da zupfte der kleine Engel noch mal an seinem Gewand. »Lieber Gott«, sagte er, »ich möchte so gerne auch ans andere Ufer dieses Wassers, aber ich bin noch klein und kann deshalb nicht so gut fliegen.«

»Weil du mir so schön geholfen hast, mache ich jetzt etwas, was ich sonst den Menschen vorbehalten habe: Ich baue für dich eine Brücke. Eine Brücke, so schön, dass auch Engel darüber zu Fuß gehen mögen.«

So schuf er am selben Tag, am Sonntag, auch die Brücke. Mit zwei schön geschwungenen Bogen, die in der Mitte des grünen Wassers auf einem Stein aufliegen.

Viele, viele Jahre später saß ich da, wo vielleicht der liebe Gott mit dem kleinen Engel gesessen hat und dachte mir diese Geschichte aus. Und jeder, der Augen hat, zu sehen und sich an dem zu freuen, was er hier sieht, muss auf ähnliche Gedanken kommen.

»Er schichtete die Steine, streute die Kastanien den Steinen entlang, ...

... füllte die grüne Farbe ins Wasserfass und goss es in die entstandene Steinrinne.«

Verwittertes Holz, rostendes Eisen: Auch solche Dinge können Geschichten erzählen.

Vorherige Doppelseite: ... später taten die Menschen es dem lieben Gott gleich: Sie schichteten die Steine zum Dach ihrer Häuser ...

links: ... und manchmal bedeckt das Moos wiederum die Steine.

links: Welche Geschichten könnten wohl diese Mauern erzählen ...

oben: ... oder dieses einstürzende Dach?

Frühling

Frühling im Tessin!

Für alle, die auf der Nordseite der Alpen leben, ein Zauberwort. Da denkt jeder an Kamelien, die schon ab Januar blühen, an Mimosenbäume, die im Februar schon aussehen wie riesige, gelbe Puderquasten, an die Sternmagnolien, die im März ihre Blüten der Sonne entgegenstrecken, ans Grün, das die Weinberge überdeckt ...
Am Lago Maggiore sind alle diese Träume Wirklichkeit.
Aber hier, im Tal, das der liebe Gott aus den Restbeständen des himmlischen Lagerhauses erschuf? Keine Blüten, kein Grün, keine Weiden- und Haselkätzchen. Falls die Wiesen schon ohne Schneedecke daliegen, falls die Tage schon wärmer geworden sind, dann fühle ich mich trotz der Enge des Tals, trotz des vielen Wassers, immer an die Wüste des Negev erinnert: Steine im Fluss, Steine an den Hängen, steinerne Häuser und Ställe, die Felswände der Berge und dazwischen das Braun der Wiesen, das Grau der Birkenwälder. Und – nochmals ein Gefühl wie in der Wüste – eine tiefe, alles überstrahlende, wohltuende Ruhe. Alles schläft. Alles träumt – vielleicht vom letzten Herbst, vielleicht vom kommenden Frühling.
Wenn ich den Frühling am See und den Frühling hier vergleichen soll: Derjenige unten ist wie eine schön geschminkte, schön gekleidete, prachtvoll anzusehende Diva, die sich mit dem entsprechenden Pomp umgibt und auch entsprechend auftritt: mit Blütenblättern, die durch die sonnengoldene Luft schwirren, mit betäubenden Düften, Vogelgezwitscher und Farben.

Riechst du den Duft des Frühlings? Hörst du das Vogelgezwitscher?

rechts: Hier kommt der Frühling ganz, ganz zaghaft. Eigentlich lässt er sich nur erraten. Die wärmenden Sonnenstrahlen helfen dabei.

Und der Frühling hier kommt daher wie ein bescheidenes Bauernmädchen. Eines das Zoccoli an den Füßen und einen Gerlo – einen geflochtenen Tragekorb – auf dem Rücken trägt. Auf den Wiesen erscheinen zaghafte Primelschäumchen, Krokusse, die zu frieren scheinen. Ja, an den Gartenmauern, da werden die Kissen der Aubretien jeden Tag ein bisschen – aber nur ein bisschen – blauer, und die Iberis haben weiße Spitzen. Wären nicht die gelben Flammen der Forsythien, wäre da noch wenig Frühlingsahnung zu spüren. Doch, ein paar Finken und Meisen zwitschern zaghaft. Einer singt: »d'Zyt isch do, d'Zyt isch do«. Hoffentlich hat er recht: »die Zeit ist da!«

Vor dem Haus schwatzt der Brunnen vor sich hin. Den Fluss höre ich kaum. Momentan ist es nur eine winzig kleine Steinrinne, in der das Wasser fließt. Dafür ist da das Glockenbimmeln der Schafe. Die Ziegen dürfen nicht mehr auf die Weide. Ein Teil davon hat in den letzten Wochen ihre Zicklein geworfen, viele stehen knapp davor. Fabiano misstraut den Touristen, die sich zwar nur sehr vereinzelt hierher verirren. Aber ein Hund, der trächtige Ziegen jagt, könnte ihm einen Schaden bringen, den ihm dann keiner ersetzt.

Ich bin die Ruhe hier so gewöhnt, dass ich mich am liebsten im und – während der Zeit, wo die Sonne warm genug scheint – vor dem Haus in meinem Hof aufhalte. Mittag- und manchmal schon Abendessen im Hof geben mir meine täglich benötigte Portion Glück. Das Glück, das immer gleich die Dankbarkeit mit sich zieht, dass ich hier wohnen darf.

Odivio und seine Schafe. Nur wer selber Schafhirt ist oder war, kann wissen, wie viel Befriedigung die Arbeit mit diesen Tieren gibt.

Das sind Pünktchen und Anton. Sie verbrachten ihre erste Jugendzeit in meinem Haus ...

... während diese Kaulquappen natürlich niemals menschliche Hilfe brauchen.

Hier wohnen? Wo es doch am See unten schon blüht, wo das Leben pulsiert, wo fast alles einfacher ist ...

Ja schon, liebe Leute. Aber ihr kennt die schönsten Sonnenaufgänge nicht, wenn rosafarbene Wölkchen wie hingehaucht am bergbegrenzten Himmel schweben. Ihr kennt das Abendlicht nicht, das zu dieser Jahreszeit in schrägen Strahlenbündeln über die Wälder streift und damit ein Schauspiel bietet, das mich immer aufs Neue entzückt. Nur, so sage ich mir, wenn alle das kennen und so lieben würden wie ich, wäre es aus mit der Ruhe. Denn auch die Ruhe hat ihren Preis. Einen, den ich immer noch gerne bezahle.

Wenn ich – was zum Glück selten vorkommt – hinabtauchen muss in die Zivilisation, dann kommt jenes Gefühl über mich, das die Katze Zuflucht unterm Sofa nehmen lässt.

Schnell wieder heim – weg von Autogehupe, weg von üppigen Blumen und Blüten in den Gärten ...

Meine Blumen werden auch blühen. Aber beinahe alle eben später. Und bescheiden, nicht so spektakulär. Die erste Blume – außer dem Hamamelis und dem Winterjasmin, also den Winterblühern – ist eine Primel, die bei der Küchentreppe aus einer Mauerritze hervorschaut. Schon im Januar gab es ein einziges, bescheidenes Blütchen. Im März wird aus dieser einen Blüte eine winzig kleine Kaskade. Vierundzwanzig einzelne Blütenkelche habe ich heute morgen gezählt. Ich habe immer noch nicht herausgefunden, wie lange die Blütezeit der einzelnen Blümchen dauert.

Und dann gibt es in meinem Garten noch eine Blume, die ganz früh zu blühen beginnt und mir gleichzeitig so etwas wie einen Gruß aus dem Jenseits bringt: Vor

Primel, Huflattich und Schneeglöckchen. Meine Blumen blühen auch – aber später und viel bescheidener ...

ungefähr dreißig Jahren, ganz am Anfang als ich hier wohnte, habe ich von meiner damaligen Nachbarin Maria, der Mutter von Odivio, im Herbst eine Wurzel geschenkt bekommen.

»Was ist das?«, habe ich Maria gefragt.

»Eh, un fiore – eine Blume, den Namen weiß ich nicht«, sagte Maria.

»Pflanze sie oberhalb der Gartenmauer, wo sie einen trockenen Standort und viel Sonne hat«, riet sie mir. »Und du wirst sehen, dass sie jedes Jahr fleißiger blüht.«

Ich musste mich also bis zum Frühling gedulden. Die ersten Blätter, die sich der Sonne entgegenstreckten, sprossen aus der geheimnisvollen Wurzel. Und dann entdeckte ich Blütenknospen. Rosafarbene. Die Blüten öffneten sich und nun hatte ich auch die Möglichkeit, in meinem Botanikbuch nachzusehen, wie ›un fiore‹ hieß: Bergenia.

Maria ist seit mindestens fünfundzwanzig Jahren tot. Aber ihre Blumen blühen so, wie sie es versprochen hat, jedes Jahr üppiger. Bin ich jetzt vermessen, wenn ich auch das als ein ›Leben nach dem Tode‹ ansehe und mir eigentlich wünsche, dass viele meiner Freunde, denen ich Ableger meiner Blumen geschenkt habe, so immer eine Erinnerung an mich wachhalten?

Als nächstes Blumenkind meldet sich der Huflattich beim Bächlein am Fluss, dann erscheinen die Krokusse am Gartensaum, etwas später diejenigen auf den Wiesen, dann die Haselkätzchen. Die Wildkirschen sprenkeln den Wald (nur im Frühling kann ich sehen, wie viele wilde Kirschbäume es bei uns gibt), die Kor-

... und die Bergenia ist Marias Gruß aus dem Jenseits.

nelkirschen mit ihren unscheinbaren braun-gelben Blütchen. (Da merke ich mir deren Standort, damit wir im Herbst dann die Früchte ernten können.)

Meist ist im Frühling der Wasserstand des Flusses ganz niedrig. Das verleitete mich früher immer wieder, zu versuchen, ganz nah am Ufer und nicht auf dem Fußweg zu wandern. Nein, wandern ist das eigentlich nicht. Eher eine Pfadfinderei, kombiniert mit waghalsigen Sprüngen und oft garniert mit einem Schuh voll (manchmal auch mehr) Wasser. Wer noch nie versucht hat, wie eiseskalt Wasser sein kann: bitte! Aber die Gefahr oder die Unannehmlichkeit dieser Kälte machen ja gerade den Reiz einer solchen Wanderei aus. In Begleitung von Hunden ist sie am vergnüglichsten, denn Hunde scheinen kaltes Wasser kaum zu scheuen. Meine beiden haben ihre ganz speziellen Badeplätze und lassen sich von niedrigen Temperaturen überhaupt nicht abhalten, sie zu benützen. Da ist vor allem das Bächlein, das bei der Brücke in den Fluss mündet (jenes, an dem der Huflattich blüht). Da müssen sie jedesmal hinein, platschen unter der Brücke durch. Speziell lustig ist mein Wuschi mit dem langhaarigen Pelz. Wenn er ins Wasser taucht, heben sich die vom Wasser getragenen Haare. Mir kommt es dann immer vor, als ob der Hund Flügel bekäme. Und wenn ich schon von meinem fliegenden Hund berichte: Wenn Wuschi mir entgegenrennt, dann schaut es aus, wie wenn er sich jeden Moment vom Boden abheben müsste. Die Ohren flattern, die Haare flattern, und der Schwanz dreht sich wie ein Propeller. Dass dieses Lebewesen auch noch freudig bellt: Für mich reine Lebensfreude!

Und meine Nachbarn? Odivio jammert, dass das Wetter viel zu trocken ist. Er bräuchte einen oder zwei Regentage, damit er seine Wiesen düngen kann. Mist

Wuschis Bad im Bach ...
Und jetzt ist auch bei uns so richtig Frühling!

braucht feuchten Untergrund und wenn möglich nach dem Ausbreiten auf den Weiden nochmals einen Regenguss. So begnügt er sich jetzt damit, den Mist in Haufen auf den Wiesen und Weiden zu verteilen. »Irgendwann wird es dann schon wieder regnen.«

Manchmal schaue ich nachts aus dem Fenster aufs Dorf. Während meiner ersten Jahre hier zählte ich ganze sechs Straßenlampen. Jetzt sind es vierzehn geworden. Auch hier macht der Wunsch nach mehr Komfort nicht Halt. Doch seltsam, der Komfort des Lichts geht nur der Hauptstraße entlang. Da, wo man eigentlich kaum mehr Licht bräuchte (weil ja jedes Auto seine eigenen Lampen hat). Letzten Frühling starteten die Gemeindebehörden eine Rundfrage, ob wir, die wir weg von der Autostraße wohnen und deshalb einen unbeleuchteten Heimweg haben, bereit wären, einen Beitrag an eine Beleuchtung des Fußwegs zu bezahlen. Die Frage wurde nur von ganz wenigen Bewohnern überhaupt beantwortet. Und die wenigen Antworten waren – mit einer einzigen Ausnahme – negativ. Hier ist man gewohnt, zu nächtlichen Gängen eine Taschenlampe mitzunehmen. Mehr braucht es doch nicht. Und jetzt bleibt die Sonne und damit das Licht jeden Tag ein bisschen länger bei uns.

Was mich hier auch fasziniert, ist das Leben mit der Sonne. Ich brauche keine Uhr, weiß ich doch, dass es im Frühling, wenn die Sonnenstrahlen den Kirchturm streifen, neun Uhr und fünfzehn Minuten ist, dass es jetzt noch eine halbe Stunde dauert, bis sie auf der andern Flussseite hoch zu meinem Haus geklettert ist.

Meine Schreib-Arbeit dauerte früher ganz genau bis zum Moment, wo die Sonne bei meinem Haus ankam. Dann versorgte ich meine Schreibmaschine, auch wenn ein Satz erst halb auf dem Papier stand. Unzäh-

Täusche ich mich, oder ist jetzt auch das Wasser noch grüner als sonst?

Odivios Wiesen unterhalb des Stalles. Früher waren hier Roggen- und Kartoffeläcker. Deshalb die sorgfältig geschichteten Mauern.

rechts: Emilia auf ihrem Kontroll-Spaziergang.

lige andere, wichtigere Arbeiten erwarteten mich dann. Zuoberst auf der Prioritätenliste stand der Garten. Aber da war dann auch meine Nachbarin Emilia, die meine Frühlings-Gärtner-Leidenschaft zu bremsen versuchte:

»Es hat überhaupt keinen Sinn, vor Mitte Mai irgendeine Arbeit im Garten vorzunehmen. Und jetzt säen, heißt sein gutes Geld zum Fenster hinauszuwerfen.«

»Aber lies doch: Zwiebeln kann man schon setzen. Und Karotten soll man im März säen und Puffbohnen auch ...«

»Ascoltami – Hör auf mich. Ich weiß, wie man es hier machen muss.«

Natürlich habe ich meinen Kopf durchsetzen müssen und habe in meinem ersten Gartenjahr trotzdem Zwiebeln gesetzt und Karotten und Puffbohnen gesät.

Und Mitte Mai dann nochmals, weil die Setzzwiebeln vergammelten und die Karotten und Puffbohnen überhaupt nicht keimten ...

Ich weiß es für ein und alle Mal: Emilias Rat zu befolgen ist klüger.

Und jetzt?

Jetzt kommt die Sonne und ich bleibe am Computer sitzen.

»Man muss immer das tun, was einem das Alter noch erlaubt.«

Auch das ist eine Weisheit Emilias. Sie ist jetzt gegen fünfundachtzig Jahre alt. Ich sehe sie kaum noch – es sei denn, ich begegne ihr, wenn sie am Stock über die Brücke kommt, um einen Kontrollgang zu ihren Wiesen zu machen. Der Rücken ist gebeugt, die Augen sind mit einer Sonnenbrille geschützt. Vor kurzem musste sie sich operieren lassen.

»Spazieren kann ich noch. Und die Hühner besorgen. Und manchmal kochen.«

»Spazieren sagst du dem? Ich weiß genau, dass du zum Ziegenstall gehst, um nachzusehen, ob alles in Ordnung ist.«

»Das kann man doch auch tun, wenn man spaziert«, brummt sie unwirsch und zwinkert dabei aber mit den Augen.

Wir zwei verstehen uns.

Ja aber, was ist mit meinem Garten, wenn ich an meine Schreibarbeit gebunden bin, weil meine Gelenke und mein Rücken keine Gartenarbeit mehr leisten können?

Eigentlich warte ich immer noch auf jemanden, dem ich alles – nicht nur den Garten – in die Hände legen könnte.

»Jetzt kommst *du* dran. Freu dich so an allem, was es hier gibt, wie ich mich freute und immer noch freue – auch wenn du die Freuden mit hunderttausend Schweißtropfen bezahlen musst.«

Aber manchmal scheint es mir, heutzutage sind wir soweit, dass man sich lieber nicht mehr freut, weil

Odivios Schafe genießen die Sonne so wie der Seidelbast (oben)...

man die Arbeit ›im Schweiße seines Angesichts‹ zu sehr scheut.

Entschuldigung, solch nachdenkliche Überlegungen gehören nicht zum Frühling. Oder doch?

Ich denke, das hängt mit dem Älterwerden zusammen, dass ›Frühling‹ nicht nur jauchzendes Vogelgezwitscher, Blüten und laue Lüfte ist. Ich werde – und da bin ich sicher nicht allein – nachdenklicher. Aber dann höre ich – auch in meinem Büro – wie ein Specht am Ahornbaum vor dem Fenster hämmert, höre ich ein Lämmchen nach seiner Mutter blöken. Und dann ist alles (fast alles) wieder gut.

Und dann kommt die Zeit, wo sich das Tal doch noch schmückt. Schmückt, mit dem, was es hier eben gibt (und das dasjenige ist, was der kleine Engel in der hintersten Ecke des himmlischen Lagerhauses gefunden hat: GRÜN!).

Nach einigen Regentagen hat es aufgeklart. Ich trete bei der Morgendämmerung vor meine Türe. Da hat jemand still und heimlich einen Teppich über meine ganze Welt gebreitet. Samtig und grün liegt er auf den Wiesen, im Garten auf dem kleinen Grasstück, wo die Brombeeren wachsen, ganz zart grün sind die sprossenden Wedel des Farnkrauts, die sich in den Mauerritzen und überall an den Schattenplätzen im Garten entrollen. Grün ist der Wald. Aber nicht nur ein Grün sehe ich da: da ist das Dunkelgrün der Tannen, das leuchtende Grün der Lärchen, das zaghafte Grün der Birken. Zwischenhinein sind hingetupft die Kirschbäume, deren Weiß die Nuancen des Waldgrüns noch

... und die neugierige Ziege genauso wie die bescheidenen Blümchen, die aus der Mauerritze sprießen.

Wo – außer hier – gibt es das noch: solch glasklares Wasser, solch edel geschliffene Steine?

Mein Stolz: Die Glyzinie, die am Haus hochrankt – und duuuftet!

unterstreicht. Je höher ich schaue, desto zarter wird es. Und dann – nach einem Saum von Bäumen, die noch wintergrau sind – glänzt als abschließende Borte an den Bergspitzen der letzte Schnee und darüber deckt der blaue Himmel diese ganze neugeborene Welt zu. Sich in solche Frühlingsfarben eingetaucht sehen und zu fühlen, ist wohl auch eine Art von Sinnlichkeit. Besonders wenn zum Erlebnis der Farbe noch das Erlebnis der Musik kommt, die von tausend Vogelstimmen jubiliert wird. Jetzt rufen sie nicht mehr »d'Zyt isch do«. Jetzt heißt es »s'isch Zyt, s'isch Zyt«. (Gut, dass meine Nachbarin Emilia meine schweizerdeutsche Interpretation des Vogelgesangs nicht erfährt. Sie würde nämlich sagen, diese Überlegung sei grundfalsch. Vögel hätten hier italienisch zu singen und basta!!)

Eine grüne Farbe habe ich noch nicht erwähnt: diejenige des Flusses. Aber an dieses Grün, das mich das ganze Jahr über erfreut, bin ich so sehr gewöhnt, dass ich es jetzt beinahe vergaß. Und noch etwas scheint mit erwähnenswert: Der Fluss ist wieder ein Fluss geworden. Nicht bloß das armselige Rinnsal der letzten paar Monate. Und er rauscht wieder, singt das Frühlingslied des Wassers, das ich – logisch – keiner menschlichen oder tierischen Sprache zuordnen kann.

Mit dem Frühlingsgrün kommen auch die Touristen. Noch nicht scharenweise. Aber doch haben schon viele herausgefunden, dass diese Jahreszeit ideal zum Wandern ist. Zum Baden – ja sogar zum Hineinstrecken eines Zehs ins Wasser – ist es noch viel zu kalt. Aber man kann ja auch mit den Augen in Farben und mit den Ohren in Tönen, mit der Nase in Düften baden ...

Am Fluss sehe ich morgens den einen oder andern Fischer, der seine Rute geduldig über das plaudernde Wasser hält. (Ach, wie lange ist es her, seitdem ich mit meinem Onkel Arthur fischen ging, respektive er die Angel ins Wasser hielt und ich Würmer für diese Angel suchen und am Haken aufspießen musste, weil es ihm davor grauste.)

Beim morgendlichen Rundgang ums Haus entdecke ich die ersten Blütenknospen am Geißblatt. Und die beiden Glyzinien haben winzig kleine Knösplein, die wie Tannenzäpfchen aussehen, an den Zweigenden. Gestern waren die noch nicht da.

Und wenn ich jetzt nochmals unsern Frühling mit dem bescheidenen Bauernmädchen vergleiche: Jetzt hat das Bauernmädchen sein Hochzeitskleid angezogen!

Ich überlege mir, ob ich den Frühstückstisch im Hof decken soll. Ein Blick aufs Thermometer lässt mich davon wieder absehen. +9° Celsius. Meine Hausgenossen würden da nicht mitmachen. Aber was solls, dann freue ich mich eben auf das Mittagessen im Freien. Das ist für mich jedesmal wie ein paar Tage Urlaub am Mittelmeer oder sonstwo, wo es für mich sowieso lang nicht so schön ist wie hier.

Ach, was bin ich doch für ein glücklicher Mensch, dass ich genau da leben darf, wo es für mich am schönsten ist auf der Welt! (Die bange Frage, wie lange ich hier noch leben kann, schiebe ich jetzt einfach beiseite. Dieser Morgen ist dafür viel zu schön und kostbar.)

Wer behauptet da, Hunde könnten nicht sprechen?
Mein Wuschl kann es – und die kleine Orsa tut es auch mit
den Augen.

Spinnen – auch ein Kursthema! Manchmal biete ich solche Kurse im Winter an, manchmal auch im Frühling oder im frühen Sommer, wenn die Einmachzeit noch nicht angebrochen ist. Wir haben unsere eigene »Spinnpädagogik« entwickelt: Wenn man zuerst lernt, wie man mit der Spindel spinnt, fällt es einem viel leichter, es nachher auf dem Spinnrad zu lernen.

Susi hat vor vielen Jahren ihr Talent zum Spinnen mit der Spindel unfreiwillig vervollkommnet. Sie musste wegen einer Knieoperation ins Spital und hat dort – im Bett liegend – die Wolle für einen ganzen Pullover gesponnen! Nun ist sie also die Spindel-Spinnlehrerin und gibt dann ihre Schülerinnen an mich weiter, wenn diese 100 Gramm Wolle mit der Spindel gesponnen haben. (Nun sei verraten, dass es auch schon Schlaumeierinnen gab, die einen Stein in ihren Knäuel gewickelt haben. Aber die gestrenge Frau Lehrerin hat es gemerkt.)

Der zweite Kursteil, das Spinnen mit dem Spinnrad nämlich, der obliegt dann mir. Ich erfülle damit auch eine Bedingung, die vor bald dreißig Jahren meine Spinnlehrerin an mich stellte: Sie brachte mir die Kunst bei, damit ich sie an andere weitergeben würde.

Und wenn ich jetzt nachzuzählen versuche, wie viele Spinnschülerinnen es schon waren? Ich komme auf mehr als dreihundert. Ob meine Spinnlehrerin wohl mit mir zufrieden ist?

Nach dem Spinnen kommt das Weben. Hier versuchen sich eifrige zukünftige Meisterinnen im Frühlings-Sonnenschein am Webrahmen.

Sommer

Sommer im Tessin

Sommer ist die Jahreszeit, in der ich mir ständig vorkomme wie einer, der auf den fahrenden Zug aufspringen will: Es gibt so unendlich viel zu genießen und gleichzeitig auch zu tun, dass die Zeit schnell, ach viel zu schnell verfliegt.

Aber, wann wird es bei uns eigentlich richtig Sommer?

Eine leicht zu beantwortende Frage: Der Sommer kommt über Nacht und ist am Morgen einfach da!

Das sehe ich zum Beispiel, wenn ich am Morgen so kurz nach fünf Uhr als Erstes nach dem Aufstehen aus meinem Fenster schaue und unter mir die rote Rankrose an der Pergola ihre ersten Blüten öffnet. Ich höre den Sommer auch an den tausend Vögeln, die zwitschern, rufen, trällern (vielleicht, um mir danke schön zu sagen, dass wir sie während des Winters gefüttert haben). Was ich jetzt nicht mehr höre, das sind die Ziegen- und Schafglocken. Die Tiere sind auf die Alp getrieben worden.
Bevor der Alpaufzug stattfand, gab es ein paar Tage, die mich begreifen ließen, weshalb es berühmten Impressionisten einfiel, zum Beispiel blaue Wiesen zu malen. Während etwa einer Woche ist meine Eselweide nämlich blau. Blau von unzähligen Blüten von Ehrenpreis. Die grauen Tiere in den blauen Blumen … Ach, weshalb kann ich nur mit Worten aber nicht mit dem Pinsel malen!
Und gleichzeitig wäre da auch noch meine gelbe Phase zu erwähnen: Da blüht auf der großen Wiese, die ›Waffenplatz‹ heißt, der Besenginster. Diese Wiese ist

Sommerglück: Auf einer Wiese liegen, einen Grashalm im Mund, und in den Himmel, in die Wolken schauen …

nicht mehr grün. Sie ist voll jubelndem Gelb. Und darin weiden die schwarzen Ziegen.

Etwas später folgt die rote Phase. Dann, wenn die Feuerlilien auf Olimpios Wiesen blühen, das beste Zeichen, dass er seine Wiesen mit Mist und nicht mit Kunstdünger versieht.

Mein sommerliches Morgenritual nach dem Füttern der Hunde und Katzen beinhaltet das Gießen unzähliger Blumen in Kistchen und Töpfen oder einfach im Garten. Auch wenn man mich auslachen mag: Ich muss jener Fuchsie ein besonderes Kompliment machen, dieses fleißige Lieschen trösten, weil es den Kopf noch hängen lässt, dem Oleander gut zureden, dass er sich dann im August bereit erklärt, auch bei uns zu blühen, obschon er lieber in wärmeren Gefilden lebt, ich muss bei der tiefblauen Petunie die verblühten Blumen entfernen, dasselbe bei den Geranien tun ... und das alles vor dem Frühstück! Denn das würde mir nicht schmecken, wüsste ich meine Blumen nicht getränkt und versorgt.

Während des Frühstücks schaue ich auf die Bergseite mir gegenüber. Je nach Sonnenstand sehe ich hoch oben den Felsen mit dem verblassten Schweizerkreuz, stelle fest, dass ein Stall, beinahe gleich hoch oben, offenbar ausgebaut wird. (Aha, deshalb ist der Helikopter gestern so oft dort hinauf geflogen.) Ich verfolge den Lauf der Sonne, die langsam, langsam talabwärts kriecht. Und dann darf ich – so gegen halb neun Uhr – den Zeitpunkt nicht verpassen, wo die Sonne auf unserer Talseite durch eine Schlucht ihre Strahlen auf eine einzelne Baumgruppe im riesigen, schattigen Wald wirft. Und diese Gruppe strahlt dann aus dem fast schwarzen Grün des unbelichteten Waldes.

Sieht man es meinen Blumen nicht an, dass ich täglich mit ihnen spreche (und unzählige Gießkannen voll Wasser schleppe)?

Und dann – ja dann ist es also Sommer.

Meist – das hängt von den Witterungsbedingungen ab – ist das auch der Moment, wo ich das Motorengebrumm von Odivios Mähmaschine zum ersten Mal höre. Vielleicht ist es übertrieben, das Gerät als Maschine zu bezeichnen: ein auf dem Rücken getragener Benzintank mit Motor, der in einen Stab mündet, an dem ein rotierendes Mähblatt das Gras abfrisst.

Seit Jahren beobachte ich die unterschiedlichen Gewohnheiten meiner beiden Nachbarn Odivio und Olimpio bei der Heuernte. Beide besitzen auf beiden Talseiten mehrere, meist kleinere Landstücke. Die werden immer in der genau gleichen Reihenfolge abgeerntet. Wobei Odivio immer einige Tage früher beginnt als Olimpio. Letzterer hat auch nichts übrig für die moderne Heumethode mit Motor. Er mäht all sein Land mit der Sense, so wie seine Vorfahren es taten.

»Wenn ich das schon so viele Jahre mit der Sense tat, mag ich mich jetzt nicht mehr umstellen.«
Ich freue mich jetzt schon auf das, was mich erwartet, wenn Olimpio dann auf unserer Talseite seine Ernte einbringen will: Dann weckt mich der Klang des Hammers, wenn er in aller Herrgottsfrühe seine Sense vor dem Stall dengelt.

Der Klang des Hammerschlags mag poetisch sein, die Sense zu dengeln keine Kraftanstrengung. Aber sonst: welch knochenharte Arbeit ist es doch, zu heuen. Bei uns kommt noch dazu, dass das Gras ganz selten in einem Tag vollkommen trocken ist. Man muss es also nach Sonnenuntergang zu Haufen rechen, am andern Morgen – sobald der Tau getrocknet ist – wieder aus-

Wenn Olimpio seine Ziegen auf die Alp führt, wenn es dann nach Heu duftet und morgens der Klang von Olimpios Dengelhammer mich weckt, dann – ja dann ist Sommer.

breiten, am frühen Nachmittag wenden, und kann dann gegen Abend seine Ernte einbringen – sofern die Sonne gütig genug war, entsprechend zu scheinen. Sonst geht das Häufen am Abend und Ausbreiten am nächsten Morgen nochmals weiter. Zum Dank kann man dann den Duft des Heus genießen. Für mich – und wohl auch für meine Nachbarn – war das ganz viele Schweißtropfen wert. Ich habe auf alle Fälle noch nie jemand jammern gehört über die Schwerarbeit der Heuernte. Da kommt ja immer noch der oft weite Weg zu den entsprechenden Wiesen und das Heimtragen des Heus auf dem Rücken dazu.

Einer, der hier noch nie bei der Heuernte mitgeholfen hat, der noch nie die Blasen an den Händen spürte, die der Stiel des hin- und hergleitenden Rechens hinterließ, hat keine Ahnung, wie mühsam das ist – und wie schön, sich in einen Haufen des duftenden Heus zu werfen, einen Halm im Mund und einen Moment den ziehenden Wolken zuzuschauen!

Und dann die große Belohnung: das schöne Gefühl, einen vollen Heustock zu haben (und erst zu riechen!). Das gleiche Gefühl, das die Hausfrau hat, wenn sie ihren Keller mit Eingemachtem gefüllt weiß, weiß, dass der Vorrat bis zum nächsten Frühjahr reicht.

Und noch etwas beglückt mich jetzt: die Wiesen um mich herum sind jetzt hellgrün, sauber gerecht, aufgeräumt. Ich weiß nicht, ob ich die Arbeit des Heuens auch mit der Pflege eines Golfplatzes oder lieber mit einem verspäteten, ganz gründlichen Frühjahrsputz vergleichen soll.

So, und jetzt sagt mancher, das sei doch alles vollkommene Nostalgie. Und ein ganz modern sein Wollender sagt vielleicht sogar, meine Worte seien kitschig. Weder muss die Hausfrau im Sommer dafür sorgen, dass im Winter genug Vorräte im Keller sind (im Supermarkt gibt es ja alles zu jeder Jahreszeit

frisch zu kaufen), noch muss der Bauer dafür sorgen, dass sein Heu rechtzeitig eingebracht wird. (Man kann es ebenso während des ganzen Jahres kaufen.)

Aber beide Male kommt dann das Wort »kaufen« vor. Man muss Geld dafür zuerst haben, um es ausgeben zu können.

Und wenn man es auch hätte: die Befriedigung – dieses menschliche Urgefühl – die fehlt dann. Und dass sie uns in allen Lebensbereichen immer mehr fehlt, ist vielleicht die Ursache von ganz vielen Krankheiten, von Depressionen und Aggressionen und ›nicht mehr wissen, weshalb man überhaupt lebt‹.

Aber ich will hier nicht philosophieren. Ich will beschreiben, was meine Augen sehen, überhaupt – wie alle meine Sinne den Sommer empfinden, genießen.

Heiß, unerträglich heiß wird es bei uns nie. An sonnigen Tagen weht jeweils nach der Mittagszeit laue, streichelnde Luft – oder genauer gesagt – ein Lüftchen vom Tal her. Das ist die Wärme, die sich am See unten staut und dann durchs Tal hochsteigt.

Dann ist bei mir die Zeit eines unerhörten Luxus ausgebrochen. Wobei ich gleich zugeben muss, dass der Wunsch nach diesem Luxus und dessen Erfüllung die größte Dummheit meines Lebens war. Begreiflich und zu entschuldigen bloß deswegen, dass ich am Anfang meiner Tessiner Zeit einen Sommer lang in der brütenden Hitze über der Magadinoebene lebte und dort sogar das Trinkwasser von weit her tragen musste. Damals schwor ich mir, dass ich dereinst die Besitzerin eines Schwimmbades sein wollte. (Wer jene Ge-

Eigentlich sollte ich es gar niemandem verraten, dass es bei uns noch solche Blumen- und Schmetterlings-Kostbarkeiten gibt.

schichte genauer wissen will, der lese mein allererstes Buch »Kleine Welt im Tessin«.)

Diesen Wunsch habe ich mir dann hier erfüllt, hier, wo es kaum so heiß wird, dass der Wunsch nach einem Bad dringend ist. Gut: wenn ich denke, wie viele Kinder die hohe Kunst des Schwimmens darin schon gelernt haben, wie viel Spaß vielen meiner Gäste und Helfer das Planschen im Wasser bereitet, dann tröstet es mich über die Mühe des Schwimmbad-Reinigens, über die Kosten des Unterhalts, die unverhältnismäßig hoch sind – gerechnet an den höchstens zehn Wochen im Jahr, an denen man es brauchen kann. Und wenn ich mir dann überlege, dass ich das als den größten Blödsinn meines Lebens betrachte, gibt das noch zusätzlichen Trost.

Der Strom der Touristen hat etwas nachgelassen. Jetzt baden sie alle im See. Unser Fluss ist dazu immer noch viel zu kalt. Ein paar ganz verwegene Kinder spielen im Kies, strecken hier und da einen Zeh ins Wasser, um den Fuß sofort wieder zurückzuziehen. Diejenigen, die die Brücke überqueren, bleiben stehen, schauen ins Wasser, ob sie wohl eine Forelle entdecken. Weiter oben am Flussrand hängt einer seine Angel ins Wasser.

Bei der Brücke von Lavertezzo gibt es noch ein weiteres Zeichen, dass der Sommer da ist: Zwar ist das Wasser immer noch sehr, sehr kühl, aber das hindert die Mutigsten nicht an einem kühnen Sprung. Wenn ich diesen Schwimmern so zusehe: mich friert es auch in der Sommerwärme. Denn dieses Wasser ist auch jetzt

noch kahahalt. Dafür kann man sich nachher auf den Steinen, die eine herrliche Wärme ausstrahlen, für den nächsten Sprung erholen. Es mag ja verlockend sein, dieses glasklare Wasser (besonders wenn man noch ganz sportlich und jung ist). Ich begnüge mich lieber mit Zuschauen, wenn ich mir überhaupt je dafür die Zeit nehme!

Denn: im Garten beginnt die Erntezeit. Zuerst die Erdbeeren, dann die Himbeeren und Johannisbeeren – zuletzt die Brombeeren. Ernten heißt bei uns auch Einmachen. Konfitüren, Gelées, Sirup und Liköre. Für Letztere setzen wir Rosmarin in Weinbrand an und die grünen Nüsse, die jetzt vom Baum im Hof fallen, in Grappa. Und alle Vorbereitungsarbeiten werden im Freien am großen Steintisch gemacht. Wenn immer möglich, machen das zwei oder mehr Hausbewohnerinnen und manchmal auch Hausbewohner gemeinsam. Alle diese manuellen Verrichtungen machen viel mehr Spaß, wenn man dabei miteinander reden kann. Ich erfahre es immer mehr, wie wichtig dieses ›miteinander reden‹ ist. Wenn man – so ganz nebenbei, denn man sitzt ja zum Arbeiten am Tisch – sich gegenseitig die Sorgen und Ängste anvertrauen kann, oder wenn man einfach in Erinnerungen an ›früher‹ schwelgt. Das ›Früher‹, das – je älter man wird – je goldener glänzt ...

Wie viele meiner Freundinnen und Freunde kommen jetzt, um an dieser Einkochzeit teilzuhaben. Oft muss ich deren Arbeitseifer bremsen. Sie sind ja auch da, um Ferien zu machen. Aber sie machen es gleich wie ich:

Diese Arbeiten am Steintisch ermöglichen mir noch eine weitere Wonne: Da sitze ich ganz bewusst so, dass ich dem Tal den Rücken kehre, d.h. aufwärts zum Garten hin schaue. Mein Haus und mein Garten sind umgeben von Mauern, Mäuerchen, Treppen und Treppchen. Auf all das schaue ich, und auf die Farnkräuter, die da aus den Mauerritzen sprießen, auf die Rosen, die die Pergola überdachen. Wenn dann die ersten Sonnenstrahlen darauf fallen, erglänzen die frischgrünen Blätter, leuchten die eben aufgeblühten Rosen, sind die Ränder der Treppenstufen mit Goldstreifen verziert.

Meine Seele ist so im Urlaub, auch wenn meine Hände Kirschen entsteinen oder Zitronen auspressen. Wenn ich das genauer betrachte: eigentlich ist mein ganzer Sommer-Arbeits-Alltag verbrämt, vergoldet mit Poesie. Poesie, die mich schlicht manch knallharte Wirklichkeit ertragen oder gar übersehen lässt ...

Wie arm sind all die vielen Menschen, denen niemand die Augen für diese Herrlichkeiten der Welt geöffnet hat.

Was ich denn unter ›knallharter Wirklichkeit‹ im Zusammenhang mit meinem Leben hier verstehe?

Der Holunder blüht: Nun beginnt die Zeit des Einkochens. Hier wird Holundersirup abgefüllt.

Auch das gehört zu dieser Jahreszeit: Gewitter, die innert weniger Stunden den Fluss zu einem reißenden Ungeheuer werden lassen.

Es beginnt mit dem Wetterbericht: ›Im Tessin Gewitter mit zum Teil ergiebigen Niederschlägen.‹ Dann möchte ich mich verkriechen mitsamt allen Mitbewohnern, mit allen Tieren, am liebsten auch mit dem Garten. Wenn diese ›ergiebigen Niederschläge‹ dann eintreffen, dann bete ich ganze Litaneien von Stoßgebeten. Wenn es ergiebig regnet, dann regnet es nicht in Tropfen, auch nicht in Schnüren. Dann ist es so, wie wenn ein himmlischer Staudamm gebrochen wäre und alles, alles mit Wasser überschwemmt wird. Der Fluss wird innert weniger Stunden zu einem reißenden, dunkelbraun-dreckigen Ungeheuer. Er wird gefüllt mit dem Wasser, das plötzlich aus tausend Bächen und Wasserfällen zu ihm herunterschwappt. Das Wasser staut sich am Stein in der Mitte unserer Brücke und spritzt dann hoch über die Brücke. Wenige Meter rechts und links vom Haus sprudeln ebenfalls zwei Wildbäche, füllen die Ablaufgräben, überschwemmen die Weide. Wenn es ganz schlimm wird, sind wir eingeschlossen von Wassermassen. Und meist blitzt und

donnert es auch noch. Die Hunde verkriechen sich in die allerhinterste Ecke. Wir möchten es ihnen gleichtun. Seltsam: an Fliehen denke ich nicht. Die Tiere allein lassen? Das Haus und den Garten allein lassen?

Der Kapitän bleibt auf dem Schiff!

Viermal habe ich schon Erdrutsche erlebt. Zweimal ist mein Laden total im Schlamm begraben worden, mein Auto (gerade zehn Tage und 300 Kilometer alt) und die Autos meines Bruders und Schwagers ebenfalls. Meine Seilbahn ist vom hochgehenden Wasser schon weggerissen worden. Damals habe ich gelernt, dass es nötig ist, alle Hausbewohner über gewisse Vorsichtsmassnahmen zu orientieren:

Gut sichtbar (nämlich auf dem Klo) hängt eine ›Gebrauchsanweisung‹, was man bei Hochwasser tun muss:

Die Seilbahn etwa 50 m hochziehen. Die Gittertüren beim Gänseteich, der im Tobel rechts vom Haus ist, diejenigen vom Hühnerhof im Tobel links vom Haus öffnen. Sonst reißt der heruntershießende Bach die Gitter ein.

Wenn die Ablaufrinne des Baches voll mit Blättern ist, tritt er dort, wo er unter meinem Fußweg durchführt, über die Ufer und überschwemmt meine ganze Eselweide. Abgesehen davon: wenn wir den Fußweg nicht mehr benützen können, sind wir eingeschlossen.

Dann können wir auch unser Auto nicht mehr hoch auf einen sicheren Platz stellen.

Wenn ich dann in den rauschenden Regen hinausschaue, denke ich, dass diese Besorgnis ein Teil des Preises ist, den ich dafür bezahle, dass ich hier leben darf. Gott sei Dank ist – solange ich hier wohne – noch nie ein Lebewesen zu Schaden gekommen. Gebete nützen eben doch!

Zugegeben, ich bin keine eifrige Kirchgängerin. Seitdem es im ganzen Tal nur noch einen einzigen Pfarrer gibt, dessen Arbeitsprogramm sehr überlastet sein muss (ich denke da z.B. an die sieben Kirchen, in denen er je zweimal in der Woche die Messe liest), kenne ich diesen nur von ganz weitem.

Dafür kenne ich die Kirchen, in denen ich hier und da für eine kurze Weile innehalte. Modern ist es ja, das dann ›Meditation‹ zu nennen. Ich bleibe lieber bei der hergebrachten Bezeichnung ›Andacht‹.

Am liebsten ist mir die Kirche von Brione. Bitte: es soll nun niemand eine kunsthistorische Abhandlung von mir erwarten, die ich irgendeinem Führer entnommen und dann in meine Worte gekleidet habe. Das wäre so, als wenn hier nun ein zwar schönes, aber unpersönliches Postkartenbild kleben würde. Deshalb ist hier auch die hintere Fassade abgebildet, die nur einer kennt, der die Kirche aufmerksam betrachtet. Das Foto des Freskos muss wohl jeden interessieren, der Kirchenmalerei mag. Es soll von einem Schüler Giottos gemalt worden sein. Und wenn ich nun im Kunstlexikon nachschaue: Giottos Malschule war in Padua im 16. Jahrhundert!

Und nun kommt meine persönliche Sympathie zur Kirche von Brione, verbunden mit vielen Fragen, die wohl keiner beantworten kann:

Wie kam zu jener Zeit ein Kunstmaler aus Padua ins abgelegene Tal der Verzasca? Bis Mailand zu Fuß oder zu Pferd? Dann mit dem Schiff über den Lago Maggiore? Dann zu Fuß ins Tal? Und weshalb ausgerechnet in dieses Tal, in dem ja bis ins 20. Jahrhundert nur ein Maultierpfad als Verbindungsweg war?

Welch ein Künstler muss hier am Werk gewesen sein …
Fresko in der Kirche von Brione.

Hatten die damaligen Bewohner von Brione Einkommensquellen, von denen wir heute nichts mehr wissen? Bauern, die als Selbstversorger von ihren Ziegen leben mussten, hätten doch niemals einen solchen Künstler bezahlen können. Oder musste der zur Strafe, die ihm irgendein Beichtvater auferlegt hatte, an einem solch abgelegenen Ort die Kirche schmücken?

Und wenn ich die Einzige bin, die sich solche Fragen stellt?

Mir meine Gedanken über all diese (eigentlich müßigen) Fragen zu machen, die aber meine Seele weit in frühere Jahrhunderte tauchen lassen, lässt auch die ganze Welt um mich herum versinken. Ich merke es nicht.

Und schließlich ist es mein ›inneres Stimmchen‹, das mich aufweckt.

»Freu dich doch einfach an den Schönheiten dieses Gotteshauses, an diesen von einem begnadeten, gottesfürchtigen und doch so realistisch sehenden Künstler gemalten Zeichen der Frömmigkeit. Danke ihm im Stillen. Fühle dich mit ihm einig, genauso wie mit denjenigen, die es dem Künstler ermöglicht haben, die Bilder zu malen. Es könnte ja sein, dass sie deine Freude fühlen …«

Wer weiß?

Währenddem ich im Dämmer der Kirche sitze, kommen vielleicht ein paar Sänger, die wissen, dass dieser Raum auch eine absolut umwerfende Akustik hat. Ihnen zuzuhören, auch wenn es bloß eine Gesangsprobe ist, ist nochmals reine Wonne – und Andacht zugleich.

Und wenn meine begeisterten Worte nun dazu beitragen, dass ein anderer es mir gleichtut, dann ist es gut!

Wenn man auf der Alpensüdseite lebt, muss man sich daran gewöhnen, dass Bräuche und Traditionen eben etwas anders sind. So scheint es mir zum Beispiel, dass der Tag der heiligen Anna – der Schutzpatronin des Dorfes – hier mindestens den gleichen Stellenwert hat wie bei uns Weihnachten. Dieser wichtige Tag ist am 26. Juli, also mitten in der Zeit der Heuernte. Aber es würde weder Olimpio noch Odivio einfallen, an diesem Tag Heu einzubringen. Heute wird gefeiert! Und am Tag vorher wird in den Haushalten gebacken. Nein, nicht der Kuchen zum Festtagskaffee. Der Kuchen oder das Brot für die Kirche. Und wer nicht backen kann, der holt aus dem Keller eine Flasche Grappa – selbst gebrannt – oder Wein. Auch für die Kirche.

Zuerst findet eine feierliche Prozession statt. Rosetta trägt das Kreuz voraus, dann folgt der Herr Pfarrer im feierlichen Ornat, folgen die Messdiener, dann die Statue der heiligen Anna – getragen von vier starken Männern des Dorfes. Natürlich sind Olimpio und Odivio da auch dabei.

Und nach der Prozession, nach feierlichem Gebet und Gesang, begleitet vom Orgelspiel von Pier-Luigi, folgt die Versteigerung all dieser selbst gemachten Produkte auf dem Kirchplatz zu Gunsten der Kirchenkasse. Die Preise erreichen schwindelnde Höhen: Das Brot, das Susi aus zwei Kilogramm Mehl backte, brachte 60 (sechzig) Franken! Marco hat es ersteigert. Und als Susi ihm verriet, dass sie es gebacken hat, sagte er galant: »Wenn ich das gewusst hätte, hätte ich noch mehr dafür geboten!«

Südländische Galanterie halt ...

Selten sieht man so viele Einwohner unseres Dorfes vereint wie am 26. Juli. Und Angelos Versteigerungskunst ist meisterhaft.

Wanderer, merke dir: Abfall gehört nicht in die Mauerritzen – es könnte jemand da sein, der dich beißt!

Die Schlangenzeichnung auf dem Stein ist harmloser ...

Eigentlich ist unser ganzes Leben hier wie ein Schauen durch ein Kaleidoskop: »Klick«, ich drehe, und ein ganz anderes Bild ist da:

Da ist das Fest, das sich jeweils ergibt, wenn wir in unserm Brotbackofen wieder einen Brotvorrat herstellen: Brote aus zehn Kilogramm Mehl können wir auf einmal backen. Wir bereiten Brote mit verschiedenen Zusätzen vor: Kürbiskerne, Sonnenblumenkerne, Leinsamen, Sesam- und Mohnsamen, eine eigene Gewürzmischung mit allerlei orientalischen Gewürzen oder einfach Brot aus Mehl, Wasser, Hefe und Salz und basta!

Fünf Reisigbündel haben Platz im Ofen. Dann wird geheizt. So lange, bis die am Ofen vorstehende Platte unten warm ist. Jeder, der mit einem Fotoapparat oder einer Filmkamera da ist, filmt, wie der Rauch des Feuers durch die Ritzen des Steindachs des Ofens zieht. Der Kamin geht nämlich nur bis unter den Dachfirst. Ganz einfach deshalb, damit es nicht auf das Brot regnen kann. Das Heizen dauert gute vier Stunden, Zeit genug, um die Teige zu kneten, ›gehen‹ zu lassen, zu formen. Das ›Einschießen‹ ist eine Arbeit, die möglichst schnell zu verrichten ist, damit nicht zu viel Hitze aus dem Ofen entweicht. Mir fällt immer wieder auf, dass man diese Arbeiten irgendwie feierlich verrichtet. »Unser täglich Brot …«

Und nachher gibt es das einfachste, feinste Festessen, das man sich vorstellen kann: ganz frisches Holzofenbrot, Käse, Salami, Tomaten, Blattsalat und ein Glas Wein dazu. Dafür gebe ich das schönste Dreisternmenü im vornehmsten Restaurant. Insbesondere dann, wenn im Hof sich alle Helfer versammeln und wir – ja – einfach das Leben genießen, die Sympathie und Freundschaft, die Sonne, die Wärme:

Ach, Sommer, wie bist du schön. Bleib doch möglichst lange bei uns!

Herbst

Herbst im Tessin

Der Herbst beginnt bei uns jedes Jahr beinahe auf den Kalendertag genau. Zwischen dem 15. und dem 20. September nämlich. Vom Mai an können wir im Freien frühstücken. Und irgendwann in der dritten Septemberwoche schaut diejenige, die für das Frühstück zuständig ist, mit gerunzelter Stirn auf das Thermometer, das an der Hauswand hängt. Es sind weniger als 12 Grad Celsius, besser den Tisch im Haus drinnen zu decken. Da bleibt dann der Trost, dass das Mittagessen und vielleicht auch das Nachtessen immer noch draußen stattfinden können.

Und irgend jemand sagt dann bestimmt: »Kunststück, dass es jetzt kälter wird. Nächste (oder diese) Woche ist doch Herbstanfang. Schade!«

Und ich tröste, begleitet vom Nicken derjenigen Hausgenossen, die hier schon einen Herbst erlebt haben: »Warte nur und sei nicht traurig. Du kannst es dir ja gar nicht vorstellen, wie schön der Herbst bei uns ist!« (Darüber, wie viel Arbeit der Herbst uns in Haus und Garten bringt, rede ich vorläufig nicht.)

Die Birken sind die ersten, die flammend gelb werden und dann ihr Blätterkleid von sich werfen. Nun stehen sie da. Mir scheint es manchmal, sie würden sich ihrer Nacktheit schämen inmitten der bunten Pracht der andern Bäume. Die Buchen mit ihrem täglich tiefer rot werdenden Blattschmuck wetteifern mit den Lärchen, die allen andern Bäumen zum Trotz immer noch hellgrüne Nadeln tragen. Die Nussbäume und die Eschen steuern die zarten braun-grauen Töne im Farbkonzert bei. Diese Farben braucht es, um die Farbakkorde nicht zu heftig werden zu lassen. Die spärlichen Tan-

So schön ist der Herbst bei uns.

nen kommen mir vor wie grämliche alte Jungfern, die über den Farbenkarneval ihrer Baumgenossen verächtlich hinwegsehen: »Schaut uns an, wir sind und bleiben ewig grün.«

Und wenn die andern Bäume reden könnten, würden sie ebenso geringschätzig sagen: »Ja, wenn die Ziegen euch nicht schon ratzekahl abfressen, bevor ihr überhaupt groß genug seid, um ein Baum zu werden.«

Manchmal lache ich leise über mich selbst. Meine ganz eigene kleine Welt der Pflanzen und Tiere ist genauso erfüllt mit Sprache wie die Welt, die ich mit meinen Mitmenschen teile. Ich male mir aus, was meine stummen Brüder und Schwestern denken und fühlen und eben vielleicht auch sagen würden, könnten sie sprechen. Und merke dann, dass ich ihnen recht menschliche Eigenschaften andichte (die sie möglicherweise – besonders was Pflanzen anbelangt – gar nicht haben, haben können).

Die Sprache meiner Hunde und Katzen zu verstehen, ist dagegen für jemanden, der seine Tage (und oft auch Nächte) mit ihnen teilt, nicht schwer.

Einer, der neu bei uns ist, stellt bald fest, dass unsere Haustiere vollwertige Hausgenossen sind. Solche, auf die wir viel Rücksicht nehmen. Wenn ich sehe, wie an andern Orten mit Tieren umgegangen wird, frage ich mich manchmal, ob wir unsere Tiere denn eigentlich als kleine Heilige betrachten. Wir behandeln sie nämlich mit dem entsprechenden Respekt und jedes einzelne mit besonderer Liebe.

(Dass sie uns diese Liebe tausendfach zurückgeben, kann nur einer begreifen, der seine eigenen Tiere

Wie viel würde fehlen, hätten wir die Gesellschaft unserer Tiere nicht!

kennt und liebt. Und wenn ein anderer über meine Gedanken nun verächtlich lächelt? Soll er. Er weiß ja nicht, was ihm da entgeht...)

Aber ich wollte ja vom Herbst erzählen: Er kommt mir oft vor wie eine Prunktreppe, die abwärts führt. Abwärts in die dunkle Jahreszeit. Die Treppe hat immer wieder größere Absätze, wo man sich ausruhen kann.

Eine solche Stufe ist zum Beispiel die Septembermitte. Da bringt Fabiano die Kühe von der Alp herunter. Bevor sie in der Ebene den Winter verbringen, dürfen sie nun hier noch so lange weiden, wie das Gras auf den Wiesen für sie genügt. Sie werden auf mit Elektrodraht abgezäunten Weiden gehalten. Das Gebimmel ihrer Glocken tönt bis zu meinem Haus. Auch nachts. Wer weiß schon, dass Kühe auch während der Nacht weiden? Einen Stall für sie gibt es nicht. Wenn es regnet und stürmt, tun sie mir Leid. Dann stehen sie da. Das Wasser rinnt an ihnen entlang. Aber sie ertragen das stoisch. Und weiden weiter.

Ein anderer Absatz auf der Treppe des Herbstes ist der 15. Oktober. Von dem Tag an nämlich dürfen alle Tiere frei weiden. Das, was die nun weggebrachten Kühe noch übrig gelassen haben.

Das heißt, dass die Esel von der umzäunten Sommerweide umziehen, um die Nacht im Stall zu verbringen. Morgens werden sie gefüttert, gestriegelt. Susi stülpt ihnen das rote Halfter über den Kopf und hängt Cora die Glöckchen um. Die Stalltüre wird offen gelassen. Und wenn sie nun Lust haben, können sie den ganzen Tag im Freien verbringen. Genau da, wo sie das wollen. Sie gehen weidend zur großen, ginsterbewachsenen Wiese beim Fluss, ziehen manchmal flussabwärts, manchmal flussaufwärts und stehen meist nach Sonnenuntergang wieder im Stall. Odivios Schafe kommen manchmal ein paar Tage früher, manchmal ein paar Tage später von alleine von der Alp herunter.

Fabiano bringt die im Frühjahr geborenen Zicklein, die er für die Weiterzucht vorgesehen hat, ebenfalls hierher. Die erwachsenen Ziegen überlässt er auf der Alp oben sich selbst. Sie geben jetzt keine Milch mehr. Die Brunftzeit hat begonnen. Erst ein paar Tage vor dem ersten Schnee wird er die Tiere holen. Und manchmal kommen auch sie ganz von selbst.

Während des Sommers war es bei unserm Haus still. Wenn man vom gelegentlichen weit entfernten Hupen der Reisebusse oder einem verschreckten Autofahrer oder vom Rauschen des Flusses absehen will. Aber jetzt bimmeln wieder Glocken. Schafe tragen andere Glocken als Ziegen. So weiß man ganz genau, welche Tiere ums Haus herum weiden. Und Coras Gebimmel von vielen kleinen Glöckchen ist etwas ganz besonders Nettes.

Herbst bringt uns besonders viele Touristen. Wanderer. Wenn es zu kalt wird, um im See zu baden, wenn unten am See sich Nebelschwaden bilden, die nicht weichen wollen, dann herrscht hier entsprechender Hochbetrieb. Meist ist es warm, solange die Sonne scheint. Ideales Wander- und Picknickwetter und Wetter, um Kastanien zu suchen also.

Wir unterscheiden zwei Sorten von Touristen. Da sind die ›Tagestouristen‹. Solche, die wohl froh sind, den Anblick des grünen Flusses, die Sonne, die Wärme des Tages zu genießen und die sich dann nach Sonnenuntergang wieder verziehen in ihre Unterkünfte in Locarno und Ascona. Wahrscheinlich, weil sie besorgt sind, dass man hier friert, nicht den benötigten Komfort für die Übernachtung hat.

Ach Leute, was ihr doch so verpasst!

Kommt doch einmal abends mit. Zum Beispiel ins

Herbst: Zeit der Touristen. Sie besuchen meinen Laden ...

Grotto zum Bruno. Ihr habt die Tüte mit den gesammelten Kastanien dabei. Bei Bruno flackert schon das Kaminfeuer. Ein paar hocken zusammen, um die Kastanien einzuschneiden. Jede Einzelne wird auf der gewölbten Seite mit einem gekrümmten, spitzen Messerchen eingeschnitten. Dann gibt Bruno sie in die Marronipfanne, ein Gerät, bestehend aus einem eisernen Ring, einem Boden aus Eisenbändern mit Zwischenräumen so breit, dass Kastanien gerade nicht durchfallen können, und einem Henkel, an dem die Pfanne an der Kaminkette aufgehängt werden kann. Bruno brät unsere Kastanien, verteilt sie an alle Kunden im Lokal. Eine andere Gruppe bereitet ihre Kastanien vor, die ebenso gebraten und wieder an alle verteilt werden. Kastanien machen Durst. Kastaniendurst löscht man mit Rotwein ... Lange dauert es nicht, bis einer ein Lied anstimmt.

Was soll ich noch schildern? Solche überhaupt nicht organisierten Feste, die sich oft bis weit über Mitternacht ausdehnen (es kommt auf den Kastanienvorrat an), kann man nur hier erleben.

Und um dann den Kopf auszulüften, geht man am andern Morgen am besten in den Garten:

Ein Garten, den man im Herbst nicht ordentlich aufräumen kann, würde mir den ganzen Winter lang auf die Seele drücken. Denn alle im Herbst nicht erledigten Arbeiten würden dann im Frühling auf mich warten. Im Frühling, wo ich sowieso schon alle Hände voll zu tun habe (allerdings, wenn ich ehrlich bin, dieser Zustand dauert bei mir rund ums Jahr!).

Früher, als ich noch alle Gartenarbeiten selbst machen konnte, kam ich mir vor wie eine Mutter, die ihr Kind ins Bett bringt. Ich habe die Himbeeren geschnitten,

... sie suchen (und finden) mein Haus (und manchmal auch mich).

die Karotten und die Zwiebeln geerntet, den Lauch eingemietet, die Rhabarberstöcke noch mal mit einer Extra-Schicht Eselsmist versorgt, die Stangenbohnen weggeräumt und die Tomatenstauden, die dazwischen wuchernde letzte Kapuzinerkresse, die Ringel- und Sonnenblumen, die entsprechenden Stützen aus Haselstecken gebündelt und unterm Stalldach versorgt, ein paar letzte Kräutersträuße zum Trocknen aufgehängt.

Ich werde ja stets von einem zweiten Ich begleitet. Ich nenne es das ›Innere Stimmchen‹. Einmal hat mich das, als ich dabei war, meinen Garten schlafen zu legen, spöttisch gefragt, ob ich wohl mit meinem Garten auch noch ein Nachtgebet sprechen würde.

»Warum denn nicht?«, habe ich ihm geantwortet. »Auch ein Garten kann einem ans Herz wachsen. So wie ein Kind oder ein Tier. Und den lieben Gott bitten, über den schlafenden Garten zu wachen wie er über schlafende Kinder wacht, ist sicher auch nicht falsch.«

Und noch etwas gibt es, was ein Tagestourist niemals erleben kann: der frühe Morgen, der frühe Herbstmorgen. Und auch da verpasst er etwas ganz Besonderes:

Anfangs November kommt der Tag so gegen halb sieben Uhr ganz leise angeschlichen. Zuerst werden die Konturen der Berge sichtbar, die sich wie Scherenschnitte vom immer heller werdenden Himmel abheben. Der wird blau und – eben weil es Herbst ist – immer blauer. Die Sonne streichelt die Bergspitzen und wandert dann langsam, langsam talwärts. Talwärts über den Herbstwald. Irgendwann leuchtet dann der Kirchturm auf, die Fassaden des ehemaligen Pfarrhauses, des ehemaligen Schulhauses beginnen zu strahlen.

»Liebe Sonne, komm bald zu uns«, flehe ich und weiß gleichzeitig, dass die Sonne mein Flehen nicht hört. Nie

hören wird. Ich muss einfach Geduld haben, bis sie auf den grünen Fluss trifft, der ein paar Minuten lang zu purem Gold wird. Dann klettert sie auf meiner Talseite hoch und dann – von einer Minute auf die andere – ist sie da! War es in der Nacht kalt, dann wirft vielleicht der Nussbaum die letzten Blätter ab, sobald die Sonnenstrahlen auf sie fallen. Dann ist mein Hof in wenigen Augenblicken mit dem raschelnden Laub bedeckt und der Baum reckt seine kahlen Äste in die klare Luft. Ein kindliches Vergnügen, in diesem raschelnden Bett herumzulaufen. Die Hunde und Katzen fühlen dasselbe. Sie spielen ›Fang mich‹. Ich lasse mich gerne fangen. Fangen von Sonnenstrahlen, die jetzt nicht mehr vom Blätterdach des Baums abgehalten werden.

Herbst. Wie lange er wohl dieses Jahr dauern wird? Im ersten Jahr, das ich hier verbrachte, war es vom 20. September bis Mitte Januar schön.

Nach dem Farbenrausch der Blätter blieb nur noch das Gold der Lärchen übrig. Zuerst war es ein lachendes, leuchtendes Gold, das sich zum Braun wandelte. Und über Nacht kam ein Herbststurm und wirbelte die letzten Nadeln weg.

Es hat nie geregnet – geschweige denn geschneit. Felder und Wälder lagen einfach da. Der Fluss rauschte. Sonst war Stille. Eine Stille, in dem ich das Atmen des Schlafes der ganzen Natur zu hören vermeinte.

Bevor nicht Schnee liegt, ist es für mich auch nicht Winter.

Auch wenn es für den Garten, für die ganze Vegetation besser ist, wenn der Schnee die Erde deckt – diese zauberhafte Herbststimmung gibt mir viel:
Es ist ruhig. Die von ihren grauen Mäuerchen eingefassten Wiesen sind braun. Der Wald ist grau mit eini-

Der Garten legt sich schlafen.

gen grünen Tannenflecken. Der Fluss allein ist grün, manchmal silbrig, manchmal golden. Die paar Menschen, die noch dageblieben sind, begegnen sich nur noch beim Gang auf die Post, am einmal in der Woche haltenden Einkaufswagen, vielleicht nach der Messe. Regelmäßig begegnen wir nur unsern Nachbarn Odivio und Olimpio. Ersterer besorgt seine Schafe im Stall neben unserm Eselstall. Manchmal bringt er mit den Schafen auch unsere Esel heim. Manchmal macht Susi dasselbe mit Odivios Schafen. Und Olimpio geht an unserm Haus vorbei zu seinen Ziegen. Emilia sehen wir zu dieser Jahreszeit nicht mehr. Sie hat keine Schafe mehr, die sie versorgen müsste und wobei wir auch sie täglich trafen. Sie verbringt ihre Tage in der Nähe des Kaminfeuers. Nur die Hühner, ja, die versorgt sie noch.

Das Dorfrestaurant ist zwar noch geöffnet. Aber unser Lädeli ist ebenso eingemottet wie der Garten.

Der Abend kommt früh, senkt sich über das schlummernde Land. Aufsteigender Kaminrauch zeigt an, in welchen Häusern noch jemand lebt, wohnt. Lidia sitzt wohl an ihrem Spinnrad, währenddem ihr Mann an einem Holzteller schnitzt. Amelia strickt an einem Pullover für ihren Odivio, den momentan der Husten plagt.

Wenn ich auf die bald dreißig Jahre zurückblicke, die ich hier schon verbracht habe: Während der kalten Jahreszeiten ist alles etwa gleich geblieben, abgesehen davon, wie viele liebe Dorfbewohner, die ich kannte, heute auf dem Friedhof den ewigen Schlaf in liebevoll gepflegten Gräbern schlafen. Die Gräber sind noch geschmückt mit den an Allerseelen hingestellten Chrysanthemen und Astern. Und natürlich mit Grabsteinen, auf denen unter Glas mich die Fotos von meist ernst dreinschauende Gesichtern der Verstorbenen anblicken.

Dass die Fernseher heute farbige Bilder von vielen Kanälen senden, ist nicht weltbewegend. Dass die meisten Häuser – auch meines – sich heute besser heizen lassen, ist viel wichtiger.

Meine ersten Jahre im Tessin haben mich geprägt: Ich kann Wesentliches und Unwesentliches unterscheiden. Wobei ich nicht so überheblich bin, vorauszusetzen, dass das Wesentliche und das Unwesentliche bei allen Menschen dasselbe sein müssen.

Auf solche Gedanken komme ich, wenn ich in die Glut des herbstlichen Kaminfeuers schaue, wenn ein Hund zu meinen Füßen schläft und eine Katze auf meinem Schoß schnurrt, wenn es nach gebratenen Kastanien riecht und draußen im Hof ein Mensch, der sein Leben mit mir teilt, durch das raschelnde Laub zum Feuer kommt ...

Keiner denke, mein Leben sei immer nur schön. Im Gegenteil: es ist gespickt mit Fußangeln, mit Problemen aller Art. Manchmal komme ich mir vor wie einer, der mit dem Rücken zur Wand steht und auf drei Seiten hin kämpfen muss. Der Preis, den ich dafür bezahle, dass ich hier leben darf, ist hoch.

Aber das, was ich dafür bekomme, kann nur ich allein bewerten. Und dann bleibt nur übrig, ganz tief demütig und dankbar zu sein.

So mögen Vögel meine kleine Welt sehen.

Meine ersten Jahre im Tessin haben mich unauslöschlich geprägt. Ich bin zwar schon dazu erzogen worden, die Natur genau zu beobachten, aber mir fällt immer wieder auf, dass ich viel mehr Kleinigkeiten in meinem Umfeld beachte als die meisten meiner (meist viel jüngeren) Mitbewohnerinnen und Mitbewohner.

Ich stelle zum Beispiel fest, dass Katzen und Hunde – je älter sie werden – den Radius ihrer Wanderungen, oder man könnte auch sagen ihres Reviers, immer enger ziehen. Logisch, man muss ja auch noch Kräfte haben, um wieder heimkehren zu können.

Und letzthin kam der Moment, wo ich feststellte, dass ich es genau gleich mache. Die Wanderungen, die ich mir eigentlich aufsparen wollte, »bis ich mehr Zeit habe«, werden zu Wanderungen in Gedanken. Meine Füße, meine Knie, mein ganzes Skelett sind abgenützt. Selbst schuld. Nicht jammern. Ich habe all die für eine Frau eben zu schweren Arbeiten ja freiwillig gemacht.

Aber dass ich in Gedanken wandere, das kann niemand verhindern. Zu heute im Wald versteckten Ställen und Häusern, die mitsamt ihren Treppenstufen den Eindruck erwecken, als seien sie gewachsen – so wie die Bäume und das Gras – und nicht die Werke von Menschen. Einmal mehr bewundere ich dann das Geschick der Maurer, die solche Kunstwerke geschaffen haben.

Wer baut das Denkmal für diese unbekannten Künstler? Vielleicht ist meine Bewunderung ein kleiner Ersatz für ein solches Monument.

In meinen Augen sind solche Mauern, solche Treppen, solche Straßenpflästerungen (nächste Doppelseite) Kunst. Modern oder archaisch? …

Winter

Winter im Tessin

Irgendwann in der Nacht erwache ich. Und irgendetwas in mir meldet, obwohl ich noch im Halbschlaf liege: ›Etwas ist anders‹.

Wie lange es dauert, bis ich aus dem Tief der Träume aufgetaucht bin, bis ich wach daliege und meine Sinne frage, was anders ist, weiß ich nicht. Ich schlafe immer bei ganz weit geöffneten Fenster – auch im Winter – und bin die Nachtgeräusche der Natur gewöhnt. Aber jetzt, jetzt ist es still. Totenstill. Und dann weiß ich auch, weshalb diese Stille mich aufwachen ließ. Sonst rauscht der Fluss. Und jetzt rauscht er nicht mehr. Und das kann nur eine Ursache haben: Es hat geschneit!

Wenn Schnee den Fluss zum Schweigen bringt, dann ist es für mich Winter geworden.

Ich weiß es längst, dass viele glauben, im Tessin sei es nur in den warmen Jahreszeiten schön. Für solche, die nur Wärme und Bequemlichkeit suchen, mag das stimmen. Und – zugegeben – da wo Schnee nach ein paar Stunden zu Matsch wird, wo exotische Bäume unter der ungewohnten Last zerbrechen, wo niemand sich schneegerecht einrichten will, da mag der Winter unerwünscht sein.

Ich habe allerdings gelernt, dass die Winter-Schönheiten, die man hier genießen kann, eben ihren Preis haben. Den Preis, dass halt alles, was außerhalb des Hauses geschehen muss, viel mühsamer ist. Zwar ist es heute so, dass die Gemeinde dafür sorgt, dass wenigstens ein Teil des Fußwegs zu meinem Haus und die Brücke mit einer Mini-Schneeschleuder geräumt

»La Marcia«: so heißt der Berg, der meinem Haus direkt gegenüberliegt.

*Alles scheint zu schlafen.
Aber da ist Olimpio, der Heu zu seinen Ziegen trägt.
Und da verbergen sich Haselkätzchen, die vom Frühling träumen.*

werden. Aber die Treppen, die zu meinem Haus führen, die Wege, die zum Esel-, zum Gänse- und zum Hühnerstall gehen, die müssen wir immer noch selbst freischaufeln. Inklusive einem kleinen Auslauf für die Tiere. Und bei den Gänsen braucht es noch einen Pfad zum zugefrorenen Teich, den man aufschlagen muss. Der Weg zum Auto ist glitschig. Ich gehe ihn nicht gern. Aber mein Nachbar Odivio ist so fürsorglich, dass er, wenn er zu seinen Schafen kommt, jeweils einen Eimer mit scharfen Steinen mitnimmt und den Weg damit bestreut. Er betont zwar, dass er das überhaupt nicht extra für mich tut, aber früher machte er das nie.

Die Windschutzscheibe des Autos ist vereist. Der Schneepflug hat eine Mauer aus Schneebeton vor das Auto gehäuft, also muss man auch diese wegschaufeln. Und wenn man Pech hat, muss man für zwei, drei Meter der ansteigenden Straße, die zur Hauptstrasse führt, noch Schneeketten aufziehen.

Wen wundert es da, dass ich im Winter zu einem Stubenhocker geworden bin. Nein, ganz stimmt das doch nicht. Denn wenn die Sonne scheint, dann wird es innert einer halben Stunde so warm, dass wir beschließen, das Mittagessen im Freien einzunehmen. Wir belegen die steinernen Sitzbänke mit Schaffellen, ziehen noch einen Extra-Pullover an – und fühlen uns mindestens wie Luxusgäste in St. Moritz.

Es gibt aber noch andere Lebewesen, die den Luxus von Sonne im Schnee womöglich noch mehr genießen als wir: die Katzen und Hunde. Die Hunde sind müde vom Herumtoben in der weißen Decke. Sie durften natürlich mit Susi zur Post gehen. Da ist noch anzumerken, dass der Postgang auch am Sonntag stattfinden muss, der Hunde wegen, die sonst missmutig sind. Und jetzt liegt

Hierher würde auch der Nikolaus passen.

die ganze Bande von fünf Katzen und zwei Hunden verteilt auf Treppenstufen und Gartenmäuerchen um uns herum im Schnee und lässt sich die Sonne auf den Pelz brennen. Ein Glöckchenklingeln verrät uns, dass auch die beiden Esel mitten auf dem Fußweg ein Sonnenbad nehmen. Die Esel haben in den ersten paar Tagen, in denen der Weg schneebedeckt war, kaum gewagt, vom Stallvorplatz wegzugehen. Die Sonne hat sie jetzt mutig werden lassen.

Meine Augen wandern ringsum. Eigentlich ist das winterliche Leben hier wie ein lebendig gewordenes naives Bauernbild. Die blattlosen Bäume erlauben nun die Sicht aufs Dorf. Der Schnee gibt einen weißen Hintergrund, auf dem wir alles beobachten können, was sich unserm Haus gegenüber auf der andern Flussseite abspielt. Und wenn man so einsam wohnt wie wir, beachtet man jede Bewegung, jedes Hundegebell. Und tagsüber gehört das Gebimmel der Ziegen- und Schafglocken als musikalische Unterhaltung dazu. Jeden Morgen lockt Fabiano seine Ziegenherde aus dem großen Stall, führt sie über die Brücke, damit sie auf ›unserer‹ Seite die Sonne genießen, sich bewegen und auch die Sträucher abfressen können. Ich werde mich nie satt sehen können an den Reihen der schwarzen Tiere, die sich – schön eins nach dem andern – auf ihren Spaziergang begeben. Fabiano hat auch einen Hund. Einen richtig dressierten Hirtenhund, der ihm ein gewaltiges Stück Arbeit abnimmt. Er gehorcht auf Pfiffe und Winke seines Meisters, weiß, dass er Ziegen, die z.B. anstatt über die Brücke unter der Brücke durch den Fluss gehen wollen, zurück auf den rechten Weg treiben muss.

Ich sehe auch Odivio oder Olimpio mit einem unglaublich hoch mit Heu beladenen Tragkorb den Weg hochkommen. Und dann ist da auch jeden Morgen noch

Nein, nein – meine Gänse werden nicht auf dem Weihnachtstisch landen. Sie sind da, um unser Haus zu hüten.

einer von Fabianos Ziegenböcken, der mit den Eseln offenbar innige Freundschaft geschlossen hat. Er marschiert, begleitet von einer einzigen Ziege, zu uns herauf, geht schnurstracks in den Eselstall, dessen Türe offen steht, und legt sich neben Pierino. Und abends bringen Odivio oder Susi ihn wieder zurück zu Fabiano.

So gegen morgens um zehn Uhr sehe ich Amelia den Kirchweg hoch gehen. Virginia ist für einige Tage verreist und hat sie gebeten, ihre Katze zu füttern. »Ich bin halt die Katzenmutter vom Dorf ...«, sagt sie stolz.

In einem so kleinen Dorf wie dem unsrigen zu wohnen, hat in meinen Augen große Vorteile: Jeder achtet ganz unbewusst auf jeden und auch auf dessen Tiere. Und Tiere sind – so scheint es mir – hier alles andere als eine Sache, eher – ich sagte es schon – stumme Brüderchen, für deren Wohlergehen die ganze Gemeinschaft sich verantwortlich fühlt.

Das winterliche Leben hier geht allen modernen Errungenschaften zum Trotz seinen archaischen Gang. Keine Touristen, keine Reisebusse, keine Vergnügungsmöglichkeiten, nur Kontakte untereinander.

Diese werden hauptsächlich während der Weihnachtsfeiertage gepflegt. Man besucht sich. Wie alles: auch das nicht organisiert und einfach irgendwann während des Tages. Ich habe noch nie an eine Türe geklopft, ohne dass mir nicht eine Tasse Kaffee angeboten worden wäre, ohne dass alle, die gerade da waren, sich über alles und alle in meinem Haus erkundigt hätten. Meine Nachbarin Emilia hat es letzthin voll auf den Punkt gebracht: »Wir hier im Dorf haben es gescheit eingerichtet, jeder wohnt von jedem so weit entfernt, dass man sich nicht gegenseitig auf die Nerven gehen kann.«

An Weihnachten besuche ich meine Nachbarn und wandere dabei an etlichen Madonnenbildern vorbei.

Die Karnevalsbräuche im Tal kennen zu lernen, war zu Beginn meiner Zeit hier ein besonderes Erlebnis. Kostümieren ist höchstens Spaß für Kinder. Maskenbälle sind – falls überhaupt welche stattfinden – von der Alpennordseite importierte Vergnügungen. Karnevalsumzüge finden hier auch nicht statt.

Eine umso wichtigere Rolle spielt das Karnevalsessen. Wobei Brione am Fastnachtssamstag und Sonogno am Fastnachtssonntag unterschiedliche Menüs kochen und so jedermann ermöglichen, an beiden Veranstaltungen teilzunehmen. Ursprünglich war es ja gedacht, dass auf dem Dorfplatz gemeinsam gekocht und die Speise an alle gratis verteilt wird, damit auch die Ärmsten sich vor der Fastenzeit noch einmal satt essen können. Auch heute noch beobachte ich, dass der eine oder andere Karnevalsbesucher sich ein Kesselchen mit Risotto und Luganighe (das traditionelle Menü) füllen lässt, um es nach Hause zu bringen für jemanden, der an der vergnügten Koch- und Esserei auf dem Dorfplatz nicht teilnehmen kann. Übrigens: ›Luganighe‹ sind rohe Schweinswürste, die – mit einer Nadel mehrmals angestochen – 20 Minuten lang in Essigwasser ziehen müssen.

Meist scheint die Sonne auf die schneebedeckten Felder und Dächer und – mag man mich jetzt auslachen – für mich ist solch ein Karnevalsschmaus viel vergnüglicher als es ein Maskenball in irgendeinem vornehmen Ballsaal an irgendeinem anderen Ort der Welt wäre …

* * *

Und hier das Rezept für Tessiner Karnevals-Risotto für ca. 40 Personen:

1/2 Pfund Butter und 1/4 Liter Öl erhitzen, 10 Zwiebeln und 10 Knoblauchzehen hacken, darin glasig dämpfen. 3 kg Arborio- oder Originario- oder Carnaroli-Reis (erhältlich im Geschäft für italienische Lebensmittel) beigeben, einige Minuten dämpfen, mit 2 1/2 Liter trockenem Weißwein ablöschen, etwas einkochen lassen, dann nach und nach schöpfkellenweise 7 1/2 l Fleischbrühe dazurühren. Nach 20 Minuten Kochzeit prüfen, ob der Risotto »al dente« ist (bei einer solch großen Menge kann es länger dauern), dann 1 kg geriebenen Parmesankäse unterziehen.

Achtung: Sobald Käse im Risotto ist, brennt er sehr schnell an, d.h. Kochkessel vorher vom Feuer nehmen. Vor dem Servieren mit Salz und Pfeffer nachwürzen.

Buon appetito!

Hier ist während der Winterszeit eine Welt, die sich selbst genügt. Wie oft sitze ich an meiner Schreibmaschine, überschaue die unterm Schnee gekuschelten Häuser und Ställe, die sandbestreuten Wege, die von einem zum andern führen, die Steine im Fluss, die alle ein weißes Käppchen tragen – und spüre es einfach: Ich habe meine kleine Welt gerne. Ohne Wenn und Aber.

Wenn ich von einer guten Fee etwas erbitten dürfte: Dass sie im Winter unsere Berge ein bisschen niedriger machen würde. Die Zeit, während der die Sonne jetzt in meinen Hof schaut, ist grässlich kurz. Am 21. Dezember von 11.40 bis 14.20 Uhr.

Am Stefanstag und am 27. Dezember geht sie sogar zweimal unter, guckt etwa um 14.30 Uhr nochmal hinter einer Bergspitze hervor. Trost, dass es schon wieder aufwärts geht.

Diese kurze Sonnenscheindauer hat aber auch einen großen Vorteil: solange die Sonne da ist, lasse ich alles liegen und tue es den Katzen gleich – ich genieße sie.

Dazu gehört auch mein Rundgang ums Haus. Die Gartenmöbel sind unterm Dach des Grillplatzes geschichtet. Die Holzstöße vor dem Küchenfenster erinnern mich an die fleißigen Hände, die im Sommer Holz spalteten, es korbweise hierher trugen und so schön aufschichteten, dass es mir jedesmal richtig Leid tut, wenn ich für unser abendliches Kaminfeuer wieder ein paar Scheiter davon entfernen muss. Das ist etwa so, wie wenn man einen schön gestrickten Pullover wieder auftrennen würde ...

Und beim Rundgang mache ich auch beim Winterjasmin Halt. Er hat schon im Dezember winzige Blütchen, die ich am liebsten mit ins Haus nehmen würde,

Noch niemand hat sie gezählt, die unzähligen Schritte, die Olimpio täglich macht, um Heu für seine Ziegen zu holen.

weil es mir scheint, sie würden frieren. Und vollends habe ich dieses Gefühl, wenn es auch noch auf sie schneit. Aber sie blühen unentwegt weiter.

»Was macht ihr denn so in der Winterszeit?«, werde ich oft gefragt. »Ist das denn nicht langweilig?«

Langeweile kennen wir alle überhaupt nicht. Im Gegenteil. Wir sind damit beschäftigt, diejenigen Arbeiten zu erledigen, für die vorher einfach keine Zeit war, weil Arbeiten im Garten, im Laden waren, die keinen Aufschub duldeten.

Da sind zum Beispiel die vielen Früchte, die wir ernteten und dann tiefkühlten. Jetzt kann man in einer Seelenruhe Himbeer- und Heidelbeermarmelade, Quitten- und Traubengelée, Traubensirup einkochen. Dabei gibt es immer wieder Ideen zu neuen Kombinationen. Wir machen z.B. einen Sirup aus Americano-Trauben, der umwerfend gut schmeckt. Einerseits eben als durststillender Sirup, andererseits als Zusatz zu Sekt für einen speziellen Tessiner Aperitif.

Dann gibt es viel aufzuräumen. Meine Hausgenossinnen maulen zwar, ich sei pingelig. Aber wie praktisch ist es doch, mich zu fragen, wo denn was sei und ich kann ihnen das zentimetergenau sagen – es sei denn, sie hätten es beim letzten Gebrauch an einem falschen Ort versorgt. Damit das möglichst nicht geschieht, sind die einzelnen Tablare der Schränke mit Schildern versehen.

Dann muss Wolle gefärbt werden. Diejenigen Farben, die wir nicht von frischen Pflanzen nehmen, können nun in aller Seelenruhe verarbeitet werden. Rote und blaue Wolle war dieses Jahr besonders gefragt. Wobei gesagt werden muss, dass wir – wie alle, die Schafwol-

Meine blühende Hamamelis, Blumenfreude mitten im Winter.

le verkaufen – kaum mehr ein Viertel der Menge brauchen, nach der vor ein paar Jahren noch gefragt wurde. Stricken ist nicht mehr ›in‹. Aber das kommt vielleicht wieder wie viele andere Moden. Mir tun am meisten die Frauen Leid, die für mich Wolle spinnen. Ich würde ihnen gerne viel mehr Arbeit geben, denn sie brauchen den Verdienst.

Wolle färben ist eine Knochenarbeit. Man muss Gewichte heben, im heißen oder im kalten Wasser arbeiten, Zuber und Eimer schleppen, viele, viele Treppen steigen und doch – für mich eine faszinierende Arbeit. Und wenn dann eine atemberaubende Farbe dabei herauskommt, dann kann ich richtiggehend ausflippen. Meine Kursteilnehmerinnen lächeln dann wohl im Verborgenen über mich. Aber das ist mir egal. Es genügt, den Kummer manchmal verbergen zu müssen. Aber Freude zeigen, das tue ich, auch wenn man über mich lachen mag.

Aber man kann doch gar nicht anders als jubeln, wenn zum Beispiel vor meinem Brotbackofen aus grauem Stein, der ein vorspringendes Steindach hat und neben dem eine Tanne steht, auf einem Gestell an Stöcken aufgehängte Stränge von roter und blauer, gelber und grüner Wolle aufgehängt sind. Und das Ganze auf einem Untergrund von weißem Schnee! Der Fotograf, dem da die Kamera nicht förmlich in die Hände springt, den möchte ich sehen. Und zur Belebung des Bildes sitzen womöglich noch ein schwarzer und ein hellbrauner Hund, zwei rote, zwei schwarze und eine getigerte Katze davor.
Manchmal – besonders nach Kursen für das Wollefärben – hängen wir die Stränge auch über das Terrassengeländer und auf den Balkon. Dann sieht mein Haus so bunt dekoriert aus, wie wenn wir es für ein Fest schmücken würden.

Winterschönheiten: der mit einem Schneekäppchen geschmückte Kirchturm des hintersten Dorfes im Tal ...

... die jubelnden Farben der Wollstrangen an meinem Haus.

Am abendlichen Kaminfeuer braten wir manchmal Käse. Es gibt einen Tessiner Halbhartkäse – er heißt ›formagella grassa‹, der sich ausgezeichnet dazu eignet. Die Käselaibe sind etwa 2 kg schwer. Man teilt sie in der Mitte, steckt eine aus Draht gebogene Gabel mit einem etwa 50 Zentimeter langen Griff in die Mitte der Biegung des Käses und hält die Schnittfläche übers Feuer. Genau so, wie man es im Wallis mit dem Raclette-Käse macht. Und genau so wird der geschmolzene Käse mit einem Spachtel auf einen Teller geschabt. Gegessen werden Schalenkartoffeln und verschiedenes saures Eingemachtes dazu. Süßsauer eingemachte Früchte schmecken mir am besten.

Früher gab es im nächsten Dorf ein Restaurant, wo man diese Speise im Winter auch bestellen konnte (das Kaminfeuer brannte ja sowieso). Leider ist das Lokal seit etlichen Jahren geschlossen. Mir gibt es immer einen Stich ins Herz, wenn ich dort vorbeifahre. So gemütlich war es da – besonders in der Winterszeit, wenn jeder jeden kannte. Und so fein schmeckte alles, was die ›mamma‹ kochte. Und jetzt ist es einfach ›chiuso‹ – geschlossen. Vorbei. Die Männer müssen sich jetzt zu ihrem Kartenspiel an einem andern Ort treffen. Aber da fällt mir ein, dass etliche von denen, die dort beim Kartenspiel saßen, heute auf dem Friedhof liegen. Soll ich mich damit trösten, dass sie vielleicht auf Wolke sieben oder acht sitzen und dort ihr Spiel mischen?

Früher bin ich im Winter liebend gerne in der Landschaft herumgelaufen und habe die Flocken auf meinem Gesicht schmelzen gespürt. Dabei bin ich einmal meinem armen Nachbarn Marino begegnet. (Hier setzt man vor den Namen eines jeden Menschen, der gestorben ist ›il povero – der arme‹.)

»Es gibt kein schlechtes Wetter – nur falsche Kleidung«, sagte er mir, währenddem er seinen schneebedeckten Hut ausschüttelte und dabei lachte.

Heute mache ich meine früheren Spaziergänge und Wanderungen nur noch in Gedanken und freue mich an den im Kamin aufsprühenden Funken, wenn ich ein neues Scheit hineinlege.

Zum Genießen der Freundschaft gehören bei mir in allen Jahreszeiten die Kurse. Angefangen hat es vor vielen Jahren mit Spinnkursen, dann kamen Web-, dann Färbkurse, dann Brotback-, Einmach-, Kosmetik-, Heilkräuter-, Aromatherapie-, Foto- und Videokurse dazu. Beinahe alle Kursleiter waren einmal Kursteilnehmer, die mir dann neue Themen vorschlugen.

In den Kursen, die ich nicht selbst leite, bin ich die Gastgeberin, koche, organisiere, unterhalte, freue mich an den Menschen um mich herum – und dann erinnere ich mich an meine Jugendzeit. Ich bin in einem Hotel groß geworden. Gastgeberin sein habe ich schon als kleines Kind gelernt. Und ich bin es auch heute noch gerne, auch wenn das mit viel Arbeit verbunden ist.

Oft sinke ich abends dann ins Bett, bevor es ganz dunkel geworden ist. Manchmal allerdings stehe ich auch noch lange am Fenster und schaue und höre zu, wie die Welt um mich herum sich zur Ruhe legt. Und in lauen Nächten bietet sich mir – so gegen halb elf Uhr – ein Feuerwerk besonderer Art. Hier ist offenbar ein Glühwürmchen-Paradies. Es schwirren abertausend Lichtlein dem Weg von der Brücke entlang bis zum Haus.

Mag die Welt auch überschwemmt sein von unerhörten und sensationellen menschlichen Erfindungen aller Art. Derjenige, der diesen Lichterzauber erfunden hat – und zudem ein Feuerwerk, das nicht knallt – verdient viel, viel mehr Beachtung und Bewunderung. Mich versetzt der Lichtertanz in eine Märchen-Wunderwelt, in der ich mir vorkomme wie das Sterntaler-Kind. Und währenddem ich diese Worte niederschreibe, frage ich mich erschreckt, ob ich mir mit meinen mehr als siebzig Jahren noch vorkommen darf wie ein Kind.

»Ja, du darfst.«

Das war die Antwort, die mir mein inneres Stimmchen soeben gegeben hat.

***

... und eine Rose zum Schluss

Ein Fachmann hat das nebenstehende Bild bemängelt: die Perspektive ist falsch.

Die Pflanze rankt am Tragpfeiler des Daches meiner Seilbahnstation. Aber dies ist das Foto einer ganz speziellen Rose. Und deshalb soll es hier seinen Ehrenplatz bekommen: Das Bild wurde an einem vierten November gemacht. Die letzte Rose eines Sommers ...

... und gleichzeitig auch ein Symbol dafür, wie ich meine kleine Welt sehe:

Manches mag in den Augen meiner Mitmenschen nicht so aussehen wie in meinen Augen. Vielleicht verbräme ich vieles und viele mit zu viel Sympathie. Aber weshalb soll ich das nicht tun, wenn ich dafür dreißig glückliche Jahre meines Lebens bekam?

Glücklich darf ich sie bezeichnen, weil ich – eben durch diese Umgebung – die Kraft hatte, auch vieles zu ertragen, was schwer und zum Teil unverständlich war. (Manchmal bin ich versucht, auch darüber ein Buch zu schreiben. Aber – ich schwöre es – dann wird das unter einem anderen Namen erscheinen.)

Meine Leserinnen und Leser sollen sich einfach mit mir an dem freuen, was hier schön ist. Und ich glaube, damit werde ich täglich überreich beschenkt. Und Sie, liebe Leserin, lieber Leser, hier nun daran teilhaben zu lassen, macht mich noch glücklicher.

Herzlich

Katharina Rüegg

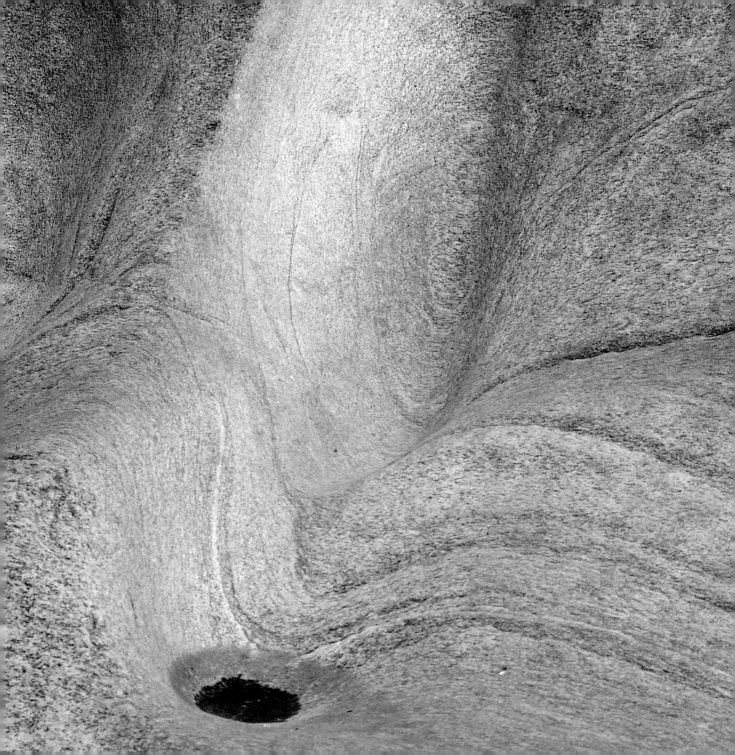

Nachwort

Kathrins großartige »kleine Welt«

»Du machsch unser nächschdes Kochbuch«, sagten einst Kathrin und Werner, und brachten mich damit in erhebliche Schwierigkeiten. Was soll ein Tier- und Naturfotograf mit Salat, Gemüse und Kartoffeln anfangen, noch dazu auf zerbrechlichem Geschirr? Als ich kurze Zeit später zusammen mit meiner Frau die steilen Serpentinen vom Lago Maggiore zum Verzasca-Tal hinauffahre, befällt mich ein ausgeprägtes Lampenfieber. Nachdem wir dieses gottverlassene Nest namens ›Gerra‹ erreichen und endlich die kleine Lastenseilbahn finden, die unser Gepäck zu Kathrins abgelegenem Bergbauernhaus transportieren soll, liegen die Nerven restlos blank. Noch in der Nacht beginne ich hektisch die Fotoausrüstung zurechtzulegen.

Kathrin ist auf einer Signierreise und kommt erst in zwei Tagen. Das gibt mir Gelegenheit das Tal zu erkunden – und damit beginnt in meinem Gemüt eine sonderbare Wandlung.

Als Erstes entdecke ich einen riesigen Felsbrocken mitten im Fluss (Foto links). Er ist stumm, wie alle Steine. Ist er das wirklich? Schaut ihn nur genau an und er wird euch eine Geschichte erzählen von Millionen Jahren – und das glasklare, smaragdgrüne Wasser der Verzasca murmelt zustimmend. Ich wandere den Fluss entlang, komme zu einer Gruppe verlassener Steinhäuser, geschichtet aus Granitplatten vom Grundstein bis zum First. Die Dächer sind in sich zusammengesunken, in den Mauern klaffen Risse. Und wieder steigt eine Geschichte in mir auf. Aus den rußgeschwärzten Steinen und dem dahinrostenden Eisenriegel vor mir ersteht das alte Backhäuschen.

Die Grundrisse der umstehenden Ruinen künden von einem knappen Dutzend Menschen, die hier auf engem Raum zusammenlebten. Die spärlichen Weideflächen lassen ahnen, dass den Ziegen und Schafen nur ein bescheidenes Futter zur Verfügung stand. Da schweift mein Blick auf die Bergrücken über mir. Aha – so ist das also. Bis unter die Gipfel entdecke ich die Spuren der Hirten. Kein grüner Fleck ohne ein Rustico, wie man die Steinhäuser des Tessin nennt. Die Hirten haben den kantigen Schroffen bis in die schwierigsten Lagen jeden Halm abgerungen für ein karges Dasein von Mensch und Tier. Alles was ich sehe, lässt sich nur mit einem Wort beschreiben – archaisch. Längst hat sich eine tiefe innere Ruhe in mir festgesetzt. Hat Kathrin auf die Wirkung ihres Tales vertraut und mich deshalb zu früh anreisen lassen? Viele Male war ich inzwischen auf Kathrins Bergbauernhof ›La Motta‹. Es ist immer wieder dasselbe. Alle mitgebrachten Arbeiten bleiben unerledigt, die Bücher ungelesen, Radio und Fernsehen werden unwichtig.

Ein Tag in Kathrins kleiner Welt beginnt mit dem ersten Morgenlicht. Zuerst werden die Tiere versorgt. Die Gebrüder Meier und Rudelli sitzen bereits auf der Treppe. Sir Henry, der Kronprinz von ›La Motta‹, lässt sich persönlich bitten. Das morgendliche Ritual des Katzenfütterns ist ›Chefsache‹. Wehe dem, der es wagt zu stören. Ich schleiche mich durch die Hintertür zu den Eseln. Pierino empfängt mich mit aufgeblasenen Nüstern und Cora drückt mit ihrem grauen Dickschädel gegen den Bauch. Nichts geht, bevor ich ihr mit dem Daumen die innere Ohrmuschel gekrault habe. Beide bekommen einen Streifen Heu und fangen sogleich an mit den Zähnen zu reiben. Mir klingt es wie ein lang gezogenes ›Daaanke‹. Die zwei sind meine ganz besonderen Freunde. Sie sind die ersten, die mich nach Monaten der Abwesenheit unten am Fluss mit lebhaftem Ohrenkreisen begrüßen und mich zum Haus hinauf begleiten. Einen trockenen Kanten Brot für die beiden habe ich schon in Baden-Baden zuoberst in den Kofferraum gepackt. Ohne trockenes Brot auf ›La Motta‹ einzutreffen, nein das würde ich mir nicht erlauben. Auf dem Rückweg von Pierino und Cora öffne ich rasch den Hühner- und den Gänsestall. Im Hof ist bereits der Frühstückstisch gerichtet. Die erste Tasse dampfenden Milchkaffees schmeckt nach der Zwiesprache mit den Tieren besonders köstlich. Olimpio kommt bereits mit klappernder Milchkanne vom Ziegen melken. »Buon giorno«, ruft er laut und alle erwidern seinen Gruß. Wuschi und Orsa stürmen mit lautem Gebell herbei und die Gänse schnattern mit gereckten Hälsen. – »Guten Morgen, Olimpio.«

Ein jeder beginnt sein Tagwerk. Zu tun gibt es mehr als genug. Jeder findet eine Arbeit die ihm liegt. Kathrin schreibt Texte auf ihrem neuen ›Schlepptop‹. Ich frage mich ob Papier und Bleistift nicht besser wären. »Speichern Kathrin! Du musst die Texte speichern, sonst kannst du morgen wieder ganz von vorne anfangen.« So geht es Tag für Tag auf ›La Motta‹, bis am frühen Abend alle hundemüde in ihren Betten versinken – es sei denn, Susi packt die Gitarre aus.

Michael Bauer

Bildnachweis

Hans Schaller: 5, 8, 10, 15, 24, 26 o., 27 o., 34, 35, 44/45, 51, 53, 61 o., 82/83, 86, 88, 92/93, 94, 88, 104, 106, 113, 117, 118/119, 120/121

Werner O. Feißt: 27 u., 128, Vorsätze

Hilde Götz: 72/73, 74, 75

Michael Bauer: 7, 9, 12, 13, 14, 16, 17, 18, 19, 20/21, 22, 23, 25, 26 u., 28, 29, 30/31, 32, 33, 36, 37, 38, 39, 40, 41, 42, 43, 46/47, 47, 48(49, 50, 52, 54/55, 56/57, 58, 59, 60, 61 u., 62, 63, 64, 65, 66, 67, 68/69, 70, 71, 76, 77, 78, 79, 80/81, 81, 84, 85, 87, 89, 90/91, 95, 96, 97, 98, 100/101, 102/103, 105, 107, 108/109, 109, 110, 112, 114, 116, 122/123, 124/125, 126, 127, 129, 130, 133, 136

Was die Großmutter noch wusste
Mit Kathrin Rüegg und Werner O. Feißt

Was die Großmutter noch wußte
Großmutters Tipps sind die besten. Das gilt für Kräuter und Schönheit ebenso wie für ihre Küchenrezepte.
160 Seiten, 84 Bilder, davon 78 in Farbe, 12 Zeichnungen
Bestell-Nr. 40838

Vom Apfel bis zur Zwiebel
Speisen mit Äpfeln, Brot, Fleisch, Eiern, Kartoffeln, Milchprodukten, Tomaten, Wein und Zwiebeln.
168 Seiten, 118 Farbbilder
Bestell-Nr. 40912

Jeder Band aus der beliebten Reihe »Was die Großmutter noch wußte« kostet
DM 39,80/
€ 22,–/
sFr 37,90/
öS 291,–

Essen wie damals
Rezepte für einfache Gerichte und festliche Mahlzeiten, Küchentechnisches, Gärtnerisches, Heilmedizin u.v.a. von »damals« für heute.
160 Seiten, 89 Farbbilder
Bestell-Nr. 40947

Gemüse nach Großmutterart
Eine bunte Palette von Rezepten für gesunde und urtümliche Gemüsegerichte, mit stimmungsvollen Tessiner Bildern und Geschichten.
160 Seiten, 59 Farbbilder
Bestell-Nr. 41104

Großmutters Küche zwischen Elsaß und Engadin
Regionale Köstlichkeiten – vom Flammekueche bis Speckrösti und Saumagen.
144 Seiten, 71 Farbbilder
Bestell-Nr. 41190

Großmutters Mittelmeer-Küche
Kulinarisches von Andalusien bis Zypern – begleitet von Geschichten über Land und Leute.
168 Seiten, 69 Farbbilder
Bestell-Nr. 41218

Großmutters Kräuterküche
Wie kochen Profis mit Kräutern? Was und wie viel braucht man? Hier steht alles drin über tolle heimische Kräuter – vom Anis bis Zitronenmelisse.
168 Seiten, 72 Farbbilder, 15 Zeichn.
Bestell-Nr. 41248

Gewürze
Rezepte aus alten Kochbüchern mit Speisen, die durch Gewürze ihren Pfiff erhalten – von der Suppe bis zu Desserts und Kuchen.
168 Seiten, 63 Farbbilder
Bestell-Nr. 41283

Gute Küche ohne Fleisch
Nahrhaftes und wohlschmeckendes Essen – ohne Fleisch. Die besten vegetarischen Rezepte aus alten Kochbüchern neu ausprobiert.
168 Seiten, 80 Farbbilder
Bestell-Nr. 41320

Zu Gast bei Kathrin und Werner
Rezepte sind eine Zutat des Buches. Die andere sind jene Geschichten, die Kathrin und Werner erzählen, wenn das Essen gegessen ist.
144 Seiten, 57 Farbbilder
Bestell-Nr. 41349

Ihr Verlag für Kathrin-Rüegg-Bücher
Gewerbestraße 10, CH-6330 Cham
Postfach 4161, CH-6304 Zug
Telefon ++41(0)41 740 30 40
Telefax ++41(0)41 741 71 15

Stand September 2001 – Änderungen in Preis und Lieferfähigkeit vorbehalten – Ab 1. Januar 2002 gelten die neuen gebundenen Euro-Preise

Gegen alles ist ein Kraut gewachsen

meinen Werner O. Feißt und Ina Ilkhanipur

Großmutters Hausmittel – Wenn's wo weh tut
In der bekannten Sendung »Was die Großmutter noch wusste« werden immer wieder Großmutterrezepte gegen Alltagsbeschwerden vorgestellt. Daraus ist eine Sammlung alter Hausmittel gegen Krankheiten und allerlei Alltagsbeschwerden entstanden. So finden Sie vom Apfel bis zur Zwiebel Vorschläge zur Linderung von Beschwerden. Dieser Band ist ein praktisches Selbsthilfebuch, um Krankheiten vorzubeugen, zu erkennen und selbst zu behandeln.
144 Seiten, 67 Farbbilder
**Bestell-Nr. 41378
DM 39,80/€ 22,–**
sFr 37,90/öS 291,–

Ihr Verlag für Ratgeber
Gewerbestraße 10, CH-6330 Cham
Postfach 4161, CH-6304 Zug
Telefon ++41(0)41 740 30 40
Telefax ++41(0)41 741 71 15

Stand September 2001 – Änderungen in Preis und Lieferfähigkeit vorbehalten – Ab 1. Januar 2002 gelten die neuen gebundenen Euro-Preise